한국어 교원을 위한
한국어 발음 교육론

한국어 교원을 위한
한국어 발음 교육론

김미형 지음

한국문화사

한국어 교원을 위한
한국어 발음 교육론

1판1쇄 발행 2019년 3월 5일

지은이   김미형
펴낸이   김진수
펴낸곳   **한국문화사**
등 록   1991년 11월 9일 제2-1276호
주 소   서울특별시 성동구 광나루로 130 서울숲IT캐슬 1310호
전 화   02-464-7708
전 송   02-499-0846
이메일   hkm7708@hanmail.net
홈페이지 www.hankookmunhwasa.co.kr

책값은 뒤표지에 있습니다.

잘못된 책은 구매처에서 바꾸어 드립니다.
이 책의 내용은 저작권법에 따라 보호받고 있습니다.

ISBN 978-89-6817-743-9 93370

이 도서의 국립중앙도서관 출판예정도서목록(CIP)은 서지정보유통지원시스템 홈페이지
(http://seoji.nl.go.kr)와 국가자료종합목록시스템(http://www.nl.go.kr/kolisnet)
에서 이용하실 수 있습니다. (CIP제어번호 : CIP2019007500)

본 연구는 2018학년도 상명대학교 교내 연구비를 지원받아 수행하였음.

■ 서문

 이 책은 외국어로서의 한국어를 가르치는 한국어 교원이 수업에 활용할 수 있도록 엮었다. 아울러 한국어 교원이 되기 위해 준비하고 있는 학부 과정의 학생들에게도 안성맞춤의 길잡이가 될 수 있도록 가능한 한 쉽게 설명하고자 하였다.
 대학 학부 과정에 한국어 교원 과정이 설치되면서 학생들은 종전의 음운론 이론과 새로운 한국어 발음 교육론을 함께 공부해야 할 필요성이 생겼다. 이에 따라 필자가 2005년에 발간했던 생활음운론을 해체하여 음운론 기초 이론을 수업하고 이를 바탕으로 한국어 교육을 잘 할 수 있도록 새로운 구성을 하게 되었다.
 한글로 적힌 한국어를 제대로 읽는 일이 그다지 수월하지는 않다. 한글이 그 어느 언어권의 문자보다도 배우기 쉬운 것은 분명하다. 낱자 하나로는 정해진 소리 값이 있으므로 더 배우기 쉽다. 그래서 한글을 익히게 되면 우리가 말하는 그대로를 적으면 되는 것으로 생각하기도 쉽고, 단어 표기 그대로 소리를 내야 한다는 착각도 하게 된다. 바로 이 점이 한국어 표기와 발음의 어려운 점이다. 즉 워낙 과학적으로 잘 구성되어 있는 문자다보니 그에 대한 기대감이 크고, 그래서 뭔가 좀더 공부를 해야 하는 상황에 대해 잘 받아들이지 못한다.
 그러나 음소 문자인 영어 알파벳도 소리 값이 일정하지 않아, 과학적 원리를 찾기보다는 각 단어의 철자를 그대로 외워야 한다. 그 과정보다 한결 쉬운 것이 한국어이다. 한국어와 한글을 쓰는 사람들은 이런 점을 충분히 인지하고 언어생활을 하거나 한국어 학습을 하면 좋을 것이다.

그러므로 발음에 따라 한글 표기를 하는 것이 매우 어렵고 맞춤법이 왜 이리 자꾸 바뀌는 거냐고 얘기하는 것은 살짝 책임을 딴 데로 돌리는 잘못된 푸념이다. 맞춤법이 자주 바뀐 것은 아니기 때문이다. 단지 한국어는 한글 문자가 소리를 그대로 표기해주는 거라 소리 나는 대로 적고자 하는 마음이 처음부터 있고 저절로 적어지는 것이 한글이라고 생각하니, 그런 상황에서 맞춤법 원리에 의한 적용이 들어가면 저절로 되는 것이 아니라는 것을 깨닫게 되고 이에 따라 까다롭다는 불만을 갖게 되는 것이다.

이렇듯 그 어느 문자보다도 소리와의 관련성이 긴밀한 음소문자가 바로 한국어를 적는 한글이다. 이러한 장점을 십분 살리는 한국어 발음 교육을 하기 위해서는 교사가 그 원리를 꿰뚫고 있어야 한다. 그러한 이론적 토대 위에서 한국어 학습자에게 체계적인 발음 교육을 할 수 있다.

이러한 의도에 의해, 이 책은 음운론 기초 이론 부분과 발음 교육론 부분을 나누어 집필했다. 또한 실습 부분을 따로 기술함으로써 실제로 수업 현장에서 바로 적용할 수 있도록 도움을 주고자 했다.

세계 곳곳에서 한국어를 배우고자 하는 이들이 증가하고 있다. 외국에도 한국어 교실이 많이 생겨나고 국내 유학생도 증가한다. 이들에게 좋은 한국어 교사가 되기 위해 한국어 발음 교육에 대한 일가견을 가지고 있어야 한다. 한국어 교원과 한국어 교원이 되고자 준비하는 분들께 좋은 영향을 주는 책이 되기를 바란다.

2019. 2. 25.

지은이 씀.

■ 차례

서문 __ v

1장 음운론과 발음 교육론 개관 __ 1

2장 음운론 기초 이론 __ 6
   2.1. 음성학과 음운론 ·· 6
   2.2. 한국어 모음과 자음 체계 ·· 18
   2.3. 한국어 음절 구조 ·· 26
   2.4. 한국어의 음운 결합 규칙 ·· 30
   2.5. 한국어 표준발음법과 음운론 ·· 74
   2.6. 한국어의 운율 요소 ·· 87

3장 발음 교육론 기초 이론 __ 92
   3.1. 언어 교수법에 따른 발음 교육의 위치 ································ 92
   3.2. 표준한국어 교육과정과 한국어 발음 교육 ························ 103
   3.3. 발음 교육의 활동 유형과 수업 모형 ·································· 119
   3.4. 초급, 중급, 고급 단계의 오류 분석과 발음 교육 ············· 128
   3.5. 대조적 오류 분석과 발음 교육 ·· 136

4장 발음 교육 실습 __ 147
   4.1. 모음과 자음 발음 교육 ·· 147
   4.2. 음절 발음 교육 ··· 161
   4.3. 음소 변동에 따른 발음 교육 ··· 169
   4.4. 운율 요소 교육 ··· 177
   4.5. 발음 교육 실습 ··· 179

참고 문헌 __ 197
부록 __ 201
찾아보기 __ 204

1장 음운론과 발음 교육론 개관

 음운론과 발음 교육론의 관계는 무엇일까? 이 문제의 답을 찾기 위해 먼저 음운론은 무엇이며 발음 교육론은 무엇인가에 대해 알아야 할 것이다. 우리 사회에 융합의 유효성을 주목하며 다양한 분야의 융합을 모색하는 활동이 활발히 일어나고 있다. 그 중 한 종류가 이론과 응용의 융합이라고 할 수 있는데, 음운론 이론과 발음 교육 현장의 응용이 바로 이러한 융합적 특징을 띠는 것이라고 말할 수 있을 것이다. 이질적인 전문 분야 간의 창의적 융합을 창출하고자 하는 현대사회의 지향에 비하면, 음운론과 발음 교육론은 뿌리가 같은 유사 분야가 만나는 것이긴 하지만, 그래도 이 둘 사이의 융합 관계를 창의적으로 생각하며 학습을 하면 좋을 것이다.
 음운론이란 사람들이 말을 할 때 내는 소리를 연구하는 학문이다. 사람들이 말을 할 때에 어떤 소리를 사용하는지, 소리와 소리가 만나면 어떤 변화가 일어나는지, 언어권별로 각기 다른 특징적인 소리로 어떤 것이 있는지 등 사람의 말소리와 관련된 주제를 연구하여 체계적으로 정리한다.
 발음 교육론이란 외국인들이 한 언어를 배우고자 할 때, 그들이 잘 배우고 익힐 수 있도록 하기 위해 교육을 어떻게 하는 것이 좋은가를 연구하는 학문이다. 한 언어권의 소리를 어떤 순서로 가르치는 게 좋을지, 어떤 점을 특히 중요하게 가르쳐야 하는지, 교사는 어떤 점을 유의해야 하고 숙달도를 높이기 위해 어떤 활동을 하면 좋을지 등 사람이 말을 배우는 데에 필요한 주제들을 연구하여 체계적으로 정리한다.

발음 교육론의 선수 학습이 음운론이다. 음운론을 모르면 발음 교육론을 제대로 이해할 수 없다. 한국어 교원이 외국인들에게 발음 교육론을 잘 하기 위해서는 한국어 음운론 이론을 잘 알고 있어야 한다. 그런데 외국인 학습자에게 가르쳐야 할 내용은 한국어 음운론 이론 자체가 결코 아니다. 외국인들이 한국어를 말할 수 있게 하는 것이 목적이므로 이론을 가르치는 것은 부적합하다. 이에 적절한 교육 이론이 따로 필요한데, 그것이 바로 발음 교육론이다. 음운론을 가르치는 것이 아니라 발음을 할 수 있도록 가르치는데, 무조건 따라하라고 하는 식으로 이루어질 수 없는 것이 한국어 발음이므로 교사가 교육에 활용할 적절한 교육론이 필요한 것이다.

예를 들어보자. 음운론을 전공으로 공부하지 않은 사람이라 할지라도, 외국인에게 한국어의 모음과 자음을 가르칠 수 있다. 그런데 모음과 자음을 가르치는 것은 그야말로 소리의 가장 기본 조각을 가르치는 것이면서 동시에 한글 문자를 가르치는 일이 병행된다. 이러한 기본 단계를 지나면 이제 한국어 단어를 발음할 수 있도록 해야 하고, 동시에 한글로 적힌 한국어도 읽을 수 있도록 해야 하고 단어를 이어서 한국어 문장도 말할 수 있게 해야 한다. 한글 문자가 한 두 개가 아니고 한국어 문장도 한 두 개가 아니니 그 어마어마한 국어 자료를 어떻게 효율적으로 외국인에게 학습하게 할까 하는 고민을 아니 할 수가 없는 것이다.

그러면 음운론과 발음 교육론의 정의와 목표를 각각 정리해보기로 한다. 이 내용을 바탕으로 이 책의 각 부분에서 더 확장된 내용을 살펴보게 될 것이다.

■ 음운론의 정의와 목표

- 사람들은 생각을 전달하기 위해 말을 한다. 말을 할 때 어떤 소리를 내는지 언어권마다 소리의 특징과 종류가 다르다. 한 언어권에 어떤 언어음이 있는지, 그리고 그 언어음들이 연결될 때 어떤 현상이 일어나는지, 소리에 얹히는 길이, 높낮이, 강세 등은 어떻게 구현되는지를 분석하고 체계화하는 학문이 음운론이다.
- 언어음에는 크게 분절음과 초분절음이 있다. 분절음에는 음성과 음운(또는 음소)의 두 개념이 구분된다. 초분절음에는 운소가 있다. 이러한 개념들을 정확히 이해함으로써 말소리의 세계를 더욱 체계적으로 설명할 수 있다.
- 각 음성과 음운의 특징, 그리고 운소의 특징들을 이해하고, 음성과 음운들이 연결될 때 일어나는 음운 현상들이 무엇이며 어떤 규칙으로 설명하고 있는지를 정확히 이해함으로써 한국어 소리의 특징을 더욱 체계적으로 설명할 수 있다.
- 한국어 표준발음법을 음운론적으로 잘 이해하고 규범에 맞는 발음 상태를 설명할 수 있다.

■ 발음 교육론의 정의와 목표

- 외국어를 배울 때에 가장 먼저 모음 글자와 자음 글자를 소리와 함

께 배워야 한다. 따라서 교사가 학습자에게 어떤 순서로 가르치는 것이 좋은지, 그리고 어떤 방식으로 가르치는 것이 좋은지를 연구하고 이를 실제 교육 현장에 적용할 수 있다.
- 외국인들은 이미 관습화된 모국어의 발음 구조를 가지고 있으므로 다른 언어권인 한국어 발음이 매우 낯설다. 그러므로 이미 습득한 각자의 모국어의 영향에 의해 생기는 간섭 현상이 무엇인지를 잘 관찰하고, 특히 그러한 점에 유의하여 발음 교육을 잘 할 수 있다.
- 한글 문자와 발음을 익혔더라도 단어를 소리 낼 때 적용하는 표준발음법을 교육하기 위해 좋은 방법을 연구하고 이를 실제 교육 현장에 적용할 수 있다.
- 말하기, 듣기, 읽기, 쓰기의 네 영역과 관련되는 발음 교육 유의 사항을 잘 이해하고 교육에 적용할 수 있다.
- 초급, 중급, 고급 단계별로 유의할 발음 교육의 내용과 방식을 잘 이해하고 교육에 적용할 수 있다.

한국어 발음 교육론은 일종의 응용 언어학에 해당한다고 볼 수 있다. 왜냐하면 순수 학문인 한국어 음운론을 기본으로 하여 이를 토대로 실제 교육에 활용할 내용들을 첨가해야 하기 때문이다. 그러므로 훌륭한 한국어 교사가 되기 위해서는 한국어 음운론의 내용들을 잘 이해하고 덧붙여서 한국어 발음 교육론까지를 익혀야 한다.

■ 한국어 발음 교육의 필요성

- 부정확한 발음은 의사소통에 장애가 될 뿐만 아니라 학습자의 한국어 향상에도 부정적인 영향을 미치므로 발음은 매우 중요한 학습

과제이다.
- 발음은 학습하고 있는 외국어의 유창성에 대한 첫인상을 좌우한다.
- 외국어 학습에서 발음은 학습자의 모국어로부터 가장 많은 영향을 받는 영역이다. 즉 발음은 언어습득 과정에서 가장 일찍 굳어지는 부분으로, 발생된 화석화 현상은 발음 교육을 방해할 수 있다. 그러므로 더욱 전문적인 발음 교육이 필요하다.

■ 한국어 발음 교육의 목표

- 명료하게 표현한다.
- 한국어로 의사소통을 할 때 학습자가 말하는 것을 청자가 알아들을 수 있는 수준으로 발음하는 것을 목표로 한다. 즉 서로 의사소통이 단절되지 않고 자연스럽게 이야기를 이어갈 수 있다면 어느 정도 학습 목표를 달성했다고 할 수 있다.
- 의사소통 가능성에 중점을 둔다.
- 화자가 의사소통 능력에 대한 감각을 갖고 전달하고자 하는 내용을 효과적으로 표현할 수 있는 수준의 언어능력의 습득을 목표로 한다.
- 자신감을 갖는다.
- 학습자가 발음을 잘 익혀 의사소통을 원활히 할 수 있게 함으로써 자신감을 갖게 하고 한국어 학습에 긍정적인 의욕을 갖게 한다.
- 스스로 발음을 확인하고 교정한다.
- 학습자가 주도적으로 자기 자신의 발음을 돌아보고 오류를 스스로 수정할 수 있는 능력과 전략을 개발할 수 있도록 한다.

2장 음운론 기초 이론

2.1. 음성학과 음운론

■ 소통을 위한 소리의 탄생

사람이든 동물이든 생명이 있는 존재들은 자신의 본능, 욕구 등 내면의 그 무엇을 상대방에게 표현하기 위한 행동을 한다. 새들의 지저귐, 돌고래의 전파 방출, 개미의 페로몬 분비, 꿀벌의 8자 모양 춤들은 모두 그들 사회에서 어떤 내용을 전하는 의사소통의 방식들이다.

사람들은 그림을 그리고 음성 기관을 통해 소리를 냈다. 그림으로 표현하는 시각적 수단은 의사소통에 적합한 문자로 발달했고, 말을 하기 위해 내는 소리는 언어권마다 다르게 발생하여 각각의 언어권 고유의 말소리 체계를 이루었다.

우리가 사는 세상에는 수많은 소리가 있다. 핸드폰의 카톡 소리, 전화벨 소리, 자동차 소음, 복도에서 들려오는 구둣발자국 소리 등 그 종류를 이루 헤아릴 수가 없을 정도로 많은 소리와 함께 우리들은 살아간다. 소리가 난다는 것은 움직임이나 활동이 일어나고 있다는 증거이다.

그러나 모든 움직임이 소리를 수반하는 것은 아니다. 눈이 하늘에서 내려오고 먼지가 일어나는 소리는 들리지 않는다. 이 움직임들은 너무 미약하여 공기 파동을 만들지 못하고 따라서 공기 진동을 일으키지 못하기 때문이다. 즉, 소리가 난다는 것은 어떤 물체가 움직임으로써 진동(振動)을 만들고, 그 진동이 공기 파동을 일으켜서 이 파동이 사람의 고막을 진동시키는 현상이다. 물속에서 움직임이 일어났을 때, 물결파가 전달되어 소리가 되기도 한다. 이 때 진동이 너무 느리면 소리를 만들지 못한다. 또 진동이 너무 빨라도 소리를 만들지 못한다. 예를 들어 빛은 속도가 매우 빠르고 파장이 아주 짧은 파장 운동을 하지만 그 진행의 소리를 들을 수 없다. 사람이 들을 수 있는 소리는 진동수 약 20-2만Hz 정도라고 한다. 'Hz(헤르츠)'란 주파수(周波數)를 측정하는 단위로, 1초 동안 파장이 몇 번 왔다갔다 했는가를 뜻한다. 독일의 물리학자 Heinrich Rudorf Herz(1857~1894)의 이름에서 따온 단위 용어이다.

이러한 소리를 사용하여 인간은 소통하기를 원했던 것이다. 그리하여 사람들은 모음과 자음을 달리 발성하여 매우 나양한 소리를 내있다. 왜냐하면 인간이 지시하고자 하는 대상은 아주 많으며 그 대상을 모두 다른 소리 유형으로 표현하지 않으면 다양한 내용을 전달하는 소통 도구가 되지 않기 때문이다.

■ 다양한 음성기관

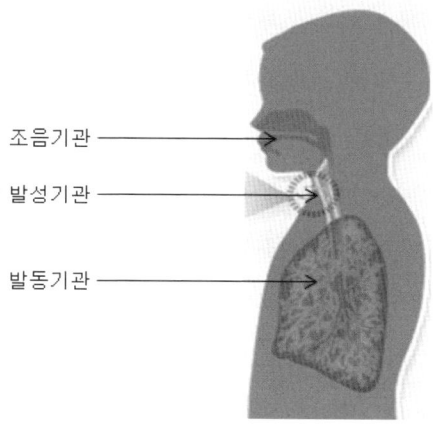

조음기관
발성기관
발동기관

　소통을 하기 위해 말소리를 내는 데에 사용되는 인간의 신체를 음성기관이라고 한다. 먼저 사람들이 소리를 내는 데 관여하는 세 영역을 보자.
　사람들이 소리를 내는 원동력은 발동기관(initiator)에서 시작된다. 폐와 후두 후부구강은 말소리를 내기 위해 공기를 움직여서 불어 내는 기능을 하는 곳이다. 폐(lungs)는 공기로 가득 찬 무수한 폐포가 폐포관에 매달려 있어서, 폐포 속에 들어 있는 공기는 호흡에 의하여 새로 교환된다. 대부분의 언어음은 폐에서 나가는 공기를 이용하는 것이다. 폐포관이 모여 기관지초가 되고 이것이 다시 기관을 이루어 후두에 연결되어 있다.
　발성기관(organs of voice)이 되는 것은 성대(vocal cord / vocal lips)이다. 기관 윗부분에 연골 구조로 이루어진 후두(喉頭, larynx, voice box)가 있다. 후두 내부에 두 탄력 있는 조직이 있는데, 이것이 성대이다. 성대는 갑상연골(남성의 목에 튀어나온 후골 부분(Adam's apple)의 뒤쪽에 붙어 있는 길쭉한 한 쌍의 근육이다. 성대 사이에 열려 있는 곳을 성문(glottis)

이라 한다. 성대는 닫히기도 하고 열리기도 한다. 폐로부터 올라오는 기류가 후두를 통과하는 동안 성문을 좁히고 성대를 빠른 속도로 진동시키면 유성음(voiced sound)이 생성된다. 성대가 진동하지 않고 발음된 음성은 무성음이다.

조음기관(articulatory)은 발동부인 폐에서 소리의 기운을 만들어 발성부를 거쳐 나오는 소리를 고루는 기관이다. 조음기관으로는 식도, 인두, 목젖, 입천장, 혀, 입술이 있다. 후두를 떠나는 공기는 인두(pharynx)를 통해서 올라와 코 혹은 입 양쪽 모두를 통해서 나간다. 인두와 입안의 어디에선가 공기의 흐름을 저해하는 일이 일어난다. 완전히 막을 수도 있고 부분적으로 막을 수도 있다. 또 막음이 없을 수도 있다.

그럼 말소리를 내는 데에 관여하는 음성기관을 세부적으로 살펴보기로 한다.

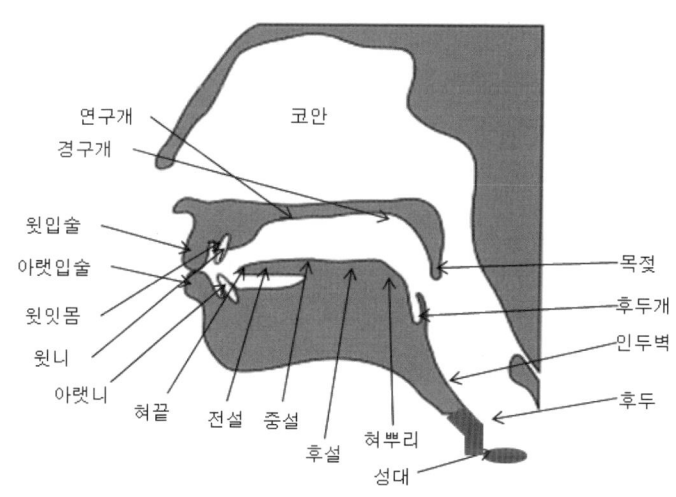

위 그림에 나온 기관들을 간략히 설명하면 다음과 같다.

- 후두를 떠나는 공기는 인두(pharynx)를 통해서 올라와 코(비강, 鼻腔), 혹은 입(구강, 口腔) 혹은 코와 입 양쪽 모두를 통해서 나간다. 공기가 비강으로 흘러갈 경우 울리는 소리가 되게 하는 공명방의 기능을 한다.
- 입과 인두의 접촉점에 연구개가 있다. 비강으로 공기가 들어가도록 연구개를 내리기도 하고, 혹은 들어가지 못하도록 연구개를 들어올리기도 한다.
- 혀는 입천장에 닿을 수도 있고 입천장 가까이까지 가 좁은 개방을 만들 수도 있다. 혀는 어떤 저해도 없이 각기 다른 높이에서 다른 모양과 크기의 공명방을 생성할 수도 있다. 또는 양 측면으로, 혹은 끝에서 뒤쪽으로 혀를 동그랗게 오그릴 수도 있다. 중앙부를 따라 홈을 내거나 혹은 혀를 평평하게 펼 수도 있다. 양 입술을 옆으로 퍼지게 하거나 동그랗게 할 수 있다.
- 인두(pharynx)는 후두개 위쪽, 설근과 인두벽 사이의 공간이다. 인두의 아래 부분에서 혀뿌리(설근 舌根)를 뒤로 끌어당겨 완전히 닫히거나 조금 닫히게 조절할 수 있다. 발동부에서 나오는 공기는 그 조절에 의해 압력이 증감되게 된다. 이 압력의 증감은 모음의 변별에 중요한 작용을 하게 된다.
- 목젖(uvula, 구개수 口蓋垂)은 연구개 끝에 젖꼭지처럼 매달려 있는 살덩이인데, 공기의 흐름을 조절하여 소리를 다르게 나게 한다. 목젖을 인두의 뒷벽에 대면 공기는 입안으로 통하게 되어, 입안 소리가 되게 한다. 목젖을 아래로 늘어뜨려 놓고 입안의 어떤 곳을 막으면 공기는 코로 통하게 되어, 콧소리가 되게 한다.
- 입천장(palate, 구개 口蓋)은 윗니 바로 뒤에 조금 튀어나온 치경(齒莖, 잇몸), 그 위쪽으로 단단한 경구개, 더 속으로 들어가 부드러운 연구개 부분이 있다. 혀의 움직임에 따라 이들 부위 중 어디에서

소리 나는가에 따라 소리가 달라진다.
- 혀(tongue)는 신축성 있는 근육으로서 말소리를 낼 때 가장 바쁘게 움직이는 조음기관이다. 혀를 움직임으로써 소리 나는 곳을 만들어 주며 소리 값을 조절한다. 조음 부위에 작용할 때 혀의 부분이 관여하는데 혀끝(설첨 舌尖), 전설(前舌), 중설(中舌), 후설(後舌)로 나눌 수 있다.
- 입술(lips)은 아래턱의 도움으로 넓게 벌일 수 있으며, 입술 자체의 근육 조절에 의해 둥글게 또는 뾰족하게 내미는 등 모양을 바꿈으로써 말소리를 조절한다.

■ 모음 사각도

앞서 살펴본 음성기관의 여러 부위들과는 달리 텅 빈 입안의 공간에 대한 구조를 이해함으로써 말소리를 더 잘 이해할 수 있게 되는데, 그것이 바로 모음의 조음 부위이다.

즉 모음들은 입안의 어느 곳도 건드리지 않고 발성되는 소리들이라 어떤 구체적 부위를 지정하여 설명하기 어렵다. 이러한 어려운 점을 고려하여 언어학자 다니엘 존스는 입안의 부위를 구성적으로 생각하여 조음점을 설명하고자 했다. 실제로 사람의 입안은 매우 납작한 타원형의 공간이다. 그런데 모음 기술을 이해하기 쉽게 하기 위해 입안 공간을 도식적으로 형상하고 모음이 소리 나는 위치와 입 벌리는 정도를 나타냈다.

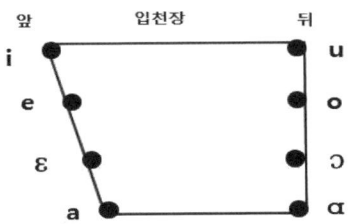

위에 제시된 모음 사각도의 모음들은 입안의 최대 영역 지점에서 낼 수 있는 모음을 나타낸 것이다. 그러므로 인위적으로 발성해야 나는 소리이며 자연스러운 언어음에서 사용되는 것은 아니다. 각 모음을 설명하면 다음과 같다.

(1) 혀를 입천장을 향해 막음이 일어나지 않는 한도 내에서 최대로 높이면서 최대로 내민다. - [i] (1번 기본모음)
(2) 반대로, 혀를 모음 성질을 잃지 않는 한도 내에서 최대로 낮추면서 최대로 뒤로 당긴다. - [ɑ] (5번 기본모음)
(3) [i]에서 혀를 점점 낮추면서 청각상의 거리가 비슷하게 세 점을 정한다. - [e] [ɛ] [a] (2번-4번 기본모음)
(4) [ɑ]에서 혀를 점점 높이면서 청각상의 거리가 비슷하게 세 점을 정한다. - [ɔ] [o] [u] (6번-8번 기본모음)

(1)부터 (4)의 설명대로 발성되는 모음을 다니엘 존스는 1차 기본 모음이라고 불렀다. 그리고 2차 기본모음도 설정했는데 1차에서 나타나는 원순 모양의 입술과 평순 모양의 입술을 반대로 하여 8점의 모음을 발음하는 것이다.

이상과 같은 모음 설정을 위한 구상은 결국 구체점을 설정하기 어려운 입안의 공간 어디쯤에서 한국어의 '이' 모음이 발화되는가를 설명하기 용이하게 한다. 모국어 화자로서 한국어를 발음하는 것은 어렵지 않다. 그러나 외국어로서 언어를 배울 때 그 언어의 모음을 모국어 화자와 흡사하게 발음하기 위해서는 입안의 조음점을 상상할 수 있으면 좋다. 교사가 이러한 모음 음가에 대한 확실한 지식을 가지고 학습자의 발음을 교정해 주면 매우 유효한 교육을 할 수 있게 된다.

■ 우리가 인지하는 소리의 세계

이 절에서 음운론 기초 이론으로서 설명하고자 하는 것은 '음성학'과 '음운론'의 구분이다. 위에서 다니엘 존스의 모음 사각도를 설명한 것은 실제로 사람들이 낼 수 있는 소리는 매우 다양할 수 있음과 그럼에도 불구하고 각 언어권 화자들이 내는 소리를 일정하게 인지할 수 있음에 대해 이해하기 위해서이다. 이를 이해할 수 있다면 음성학과 음운론의 구분을 제대로 이해했다고 할 수 있을 것이다.

예를 들어 사람들이 '신발'이라고 할 때의 '이' 모음과 '인부'라고 할 때의 '이' 모음을 발화한다고 하자. 듣는 사람들은 두 경우의 모음을 모두 '이'라고 듣는다. 그런데 기실 이 두 모음은 다르게 발화된다. 발화하는 사람은 그 발화점을 예민하게 확인해볼 수 있다. '신발'의 '이'는 혀 끝부분과 잇몸 뒤쪽 부분 사이에서 난다. 반면에 '인부'의 '이'는 혀 앞 부분과 입천장 앞부분 사이에서 난다. 즉 후자의 '이'가 전자의 '이'에 비해 입안의 조금 더 높은 곳, 조금 더 뒤쪽에서 난다.

또 한 예를 들어보자. '어머니'라고 할 때의 '어' 모음과 '어른'이라고 할 때의 '어' 모음도 서로 다르게 발음된다. 전자는 후자에 비해 입의 아래쪽과 뒤쪽에서 난다. '어른'의 '어'는 장음으로 후자에 비해 입의 앞쪽과 위쪽에서 난다. 이는 상대적 위치 구분을 설명한 것으로 모음 사각도에 발화점을 표시해 구분해 보자.

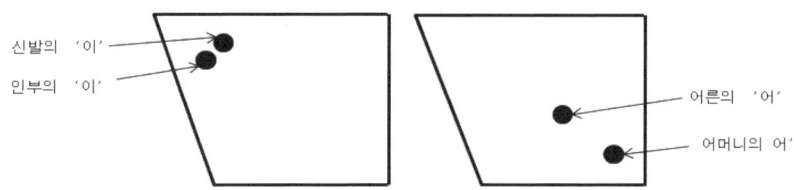

이상과 같은 소리 인식에서, 두 소리가 각기 다르게 난다고 분석하는 것이 음성학(音聲學, phonetics)이고 같은 소리라고 분석하는 것이 음운론(音韻論, phonology)이다. 즉 음성학은 말소리를 물리적 성질로서 파악하는 것이고 음운론은 머릿속에서 인지되는 심리적 성질로서 파악하는 것이다. 음성기관의 갖가지 작용과 부위의 미세한 차이를 모두 변별해 내어 인식하는 것이 음성학이며 이때에 분석된 것은 '음성'이라고 한다. 그런가 하면 음성기관의 갖가지 작용과 부위의 미세한 차이를 있는 그대로 식별하지 않고서, 사람이 알고 있는 머릿속의 음으로 인식하는 것이 '음운론'이며 이렇게 분석된 것을 '음운' 또는 '음소'라고 한다.

말소리에는 음소(phoneme)보다 더 많은 수의 음성(phone)이 있다. 그런데 사람들은 그 많은 음성들을 일일이 인지하지 않고 대표성을 띠는 음만을 인식한다. 우리말을 적는 한글은 음성 단위에 맞추어 문자가 제정된 것이 아니라 음소 단위에 맞추어 문자가 제정되어 있다. 세종이 한글을 만들 때에는 많은 음성 단위를 되도록 다 표기하기 위해 문자를 제정했는데, 현재 우리가 사용하는 한글은 음소 단위에 맞는 것들이다. 그러므로 우리가 한국어의 음을 배울 때에 문자와 함께 배우면 편리한 것이다. 그리고 문자를 적어놓고 그 문자의 음가를 가지고 음을 연결하면 일단 소리를 낼 수 있는 것이다(물론 음가들이 그대로 이어지기 어려운 경우가 발생하여 소리의 변형이 일어나기도 한다).

> ■ 더 알아볼 거리
> 수많은 음성들 중 어떤 것이 음소로 설정되는지를 확인하는 방법에는 어떤 것이 있을까?

음소 설정의 기준(음소 분석 방법)에 대해 알아보자. 조음적으로나 음향적으로 서로 다른 음인데도 화자나 청자가 한 소리로 인식하는 음들을 묶어서 음소라고 부른다. 예를 들어, '라디오, 라면'의 'ㄹ' 소리는 각기 설측음 [l]과 탄설음 [r]로 다르지만, 우리는 묶어서 [ㄹ]로 인식한다. '아버지, 바보'의 'ㅂ' 소리는 각기 유성음 [b]와 무성음 [p]로 다르지만, 우리는 묶어서 [ㅂ]로 인식한다.

한 음소를 이루는 음들을 이음(異音, 또는 變異音, allophone)이라 한다. 위에서 [l]과 [r]은 음소 /ㄹ/의 이음들이고, [b]와 [p]는 음소 /ㅂ/의 이음들이다. 또한 모음 사각도를 통해 살펴본 '어머니'의 [ʌ]와 '어른'의 [ə]는 음소 /어/의 이음들이다. 음소를 표기할 때 빗금을 사용하며, 이음 중 하나를 대표음으로 삼아 빗금 안에 넣어 표시한다. 곧, [k]는 음성 k 소리를 뜻하며, /k/는 음소 k 소리를 뜻한다.

각 언어(또는 방언)에 나타나는 음성들을 조사하고 그 음성들이 어떤 음소로 구성되는지를 살펴보는 일을 음소 분석이라 한다. 음소 분석을 위해, 몇 가지 방법을 사용할 필요가 있다. 이를 정리하면 다음과 같다:

(1) 최소 대립(最小 對立, minimal pair)

소리의 차이로 의미가 달라질 때 그 두 소리는 대립되며, 각기 다른 소리로 간주한다. 최소대립 관계는 치환시험을 통해서 알 수 있다. 예를 들어, '물'과 '불'은 [m]과 [p]의 교체에 의해서 뜻이 달라지는 단어가 되었다. 그러므로 ㅁ 소리와 ㅂ 소리는 각기 다른 음소이다. '장난'과 '장단'의 [n]과 [t], '발'과 '밤'의 [l]과 [m], '짜다'와 '차다'의 [c']와 [cʰ]도 최소대립을 보이므로, 각기 다른 음소로 간주한다. 그런데 치환시험을 했을 때 존재하지 않는 단어가 나올 수 있다. 예를 들면 '모기'의 첫소리를 'ㄹ'로 바꾸면 '로기'가 되는데, 한국어에서 쓰지 않는 단어이다. 그렇다하더라도 '모기'와는 다른 단어가 되었으므로 'ㅁ' 소리와 'ㄹ' 소리는 각기 다른 음소로 간주한다.

치환분석은 가장 확실한 음소분석 방법이긴 하지만, 서로 다른 위치의 음들끼리의 관계를 알아보는 데는 그리 유효하지 않다. 예를 들어 밥 [pap̚], 밭 [pat̚], 박 [pak̚]에서 말음들이 서로 다른 음소임을 알 수 있는 것이다. 그런데 [p]와 [p̚]가 같은 음소인지는 대립을 이용해 알아낼 수가 없다. 이것은 [p]가 어두 초성으로만 나타나고 [p̚]가 종성으로만 나타나기 때문에 생기는 문제이다. 이런 경우에 두 음성은 서로 배타적 분포, 또는 상보적 분포를 한다고 말한다. 이 요건이 되면 다음 (2)의 설명을 참고해야 한다.

(2) 상보적 분포(相補的 分布, complementary distribution)

예를 들어, [p], [b], [pʰ] 세 음성은 모두 음소 /ㅂ/에 속하는 이음으로 쓰이는 자리가 서로 겹치지 않는다. 이것을 이음들끼리 서로 상보적 분포, 또는 서로 배타적 분포(排他的 分布, exclusive)를 가진다고 말한다. 이런 경우의 이음들을 조건변이음이라고 한다.

(3) 자유변이

이음들이 항상 상보적 분포를 하는 것은 아니다. [r]과 [l]은 둘 다 어두 초성에 쓰일 수 있으나 대립하지 않으므로 같은 음소에 속하는데, 상보적 관계는 아니다. 이러한 것을 자유변이음(自由變異音)이라고 한다. 그러나 종성에서 [l]과 [r]은 서로 대치될 수 없으므로 상보적 분포이다. 이런 경우는 위에서 지적한 조건변이음에 속한다.

(4) 음성적 유사성

이것은 음향적으로 조음적으로 다르더라도, 화자, 청자가 같은 소리로 인식하는 것을 한 음소로 보는 것을 말한다. 상보적 분포를 보이는 음들, 예를 들어 한국어의 유성 자음([b], [d], [g] 등)과 무성 자음([p], [t], [k] 등)은 각기 음향적으로, 조음적으로 다르지만(예: [b]와 [p], [d]와 [t], [g]와 [k]), 화자와 청자가 같은 소리로 인식하는 것이다.

2.2. 한국어 모음과 자음 체계

■ 한국어의 모음 체계

모음은 발음 기관 안에서 어떤 저해를 뚜렷하게 받지 않기 때문에 모음이 어디에서 생성되는가를 정확하게 느끼는 일은 그리 쉽지가 않다. 청자들이 똑 같은 모음으로 지각했던 음성이 실제로 다른 여러 조음 동작을 쓰면서 생성될 수도 있다. 모음의 발음에는 조음점이나 조음체가 없어서 모음을 기술하기 위하여 혀의 높이와 혀의 앞뒤 위치와 입술 모양 세 가지 기준으로 분류한다.

먼저, 한국어의 단모음 체계를 기술하면 다음과 같다.

한국어의 단모음 체계(8개)

혀의 앞뒤위치 혀의 높이	전설모음	중설모음	후설모음
고모음	이 [i](평순)	으 [ɨ](평순)	우 [u](원순)
반고모음	에 [e](평순)	어 [ə](평순)	오 [o](원순)
반저모음	애 [ɛ](평순)		어 [ʌ](평순)
저모음		아 [a](평순)	

위의 표를 보면, 혀의 높이에 따라 고모음(高母音, high vowel), 반고모음(半高母音, half-high vowel), 반저모음(半低母音, half low vowel), 저모음(低母音, low vowel)으로 나눈다.

그리고 혀의 앞뒤 위치에 전설모음(前舌母音, front vowel), 중설모음(中舌母音, central vowel), 후설모음(後舌母音, back vowel)으로 나눈다.

다음으로, 입술 모양에 따르는 분류가 있는데, 발음할 때 입술이 둥근 원순모음(圓脣母音, rounded vowel)과 평순모음(平脣母音, 非圓盾母音, unrounded vowel)이 그것이다. 이것은 네모 칸으로 분류되지는 않고 각 음의 성격에 따라 정해지는데, 각 모음 뒤 괄호 안에 적어 놓았다.

위 모음 이외에 국어 모음에는 위[y](전설 고모음 원순)와 외[ø](전설 반고모음 원순)가 있다. 그런데 현대 국어에서 이 두 모음은 단모음으로 발음되지 않기 때문에 이것은 이중모음으로 다룬다. 다만 중부방언과 전라방언의 노년층은 이 두 모음을 단모음으로 발음하기도 한다. 지역에 따라 세대에 따라 모음의 수와 음가가 다양한 차이를 보인다. 중부방언과 전라방언의 젊은 세대는 '에'와 '애'의 대립이 없다. 경상방언 대부분에서는 '으'와 '어'의 대립도 없다. 위 모음들 중에서 중설 반고 모음 어[ə]와 어[ʌ]는 음소로는 따로 설정되지 않지만 음성은 다른 변이음 관계로 보아야 한다. 대체로 [ə]는 '어'가 장음일 때와 단어의 첫음절이 아닌 곳에서 나타나고, [ʌ]는 단어의 첫음절에서 '어'가 단음일 때 나타난다(예: 어른[ə:rin], 어머니[ʌməni], 얼음[ʌrim]).

위에서 기술한 것은 단모음인데, 단모음이 반모음과 만나면 이중모음이 형성된다. 이중모음(二重母音, diphthong)이란 소리를 내는 도중에 입술 모양이나 혀의 위치가 처음과 나중이 달라지는 모음을 말한다. 두 가지 소리 값을 가지므로 조음방식이 중간에 변화하는 것이다. 조음방식이 변화한다고 하더라도 그 소리가 두 개의 다른 음절을 이루는 것이 아니라 하나의 음절을 이룬다는 특징이 있다. 곧 "아이"는 모음 둘로 이루어진 두 음절인데, 이런 것을 이중모음이라 하지 않고 "얘"처럼 처음 시작하는 [j] 소리가 바로 다음 소리인 [ɛ]로 이어져 한 음절을 이루는 모음을 이중모음이라 한다. 이 경우 이중모음이 시작되는 첫 조음을 "반모음(半母音)"이라 부른다.

　반모음이라는 뜻은 자음성을 반 가지고 있고 모음성을 반 가지고 있다는 것이다. 우리말에 반모음은 두 개가 있는데, 반모음 [j]는 경구개에서 나는 소리, 반모음 [w]는 연구개에서 나는 소리가 된다. 반모음이 자음체계에서 기술될 수 있는 소리 자질은 "과도음(approximant: 마찰적 소음이 일지 않는 접근음)" 또는 "활음(glide)"이다. 이중모음의 시작 음은 거의 장애를 입듯 닫힌 상태에서 다음 음으로 빠르게 일시적인 소리 건너기 현상을 갖는다. 우리말의 이중모음은 다음과 같다.

한국어의 이중모음 체계 (12개)

단모음 반모음	이[i]	에[e]	애[ɛ]	우[u]	오[o]	아[a]	으[i]	어[ʌ/ə]
j계	*	예[je]	얘[jɛ]	유[ju]	요[jo]	야[ja]	의[ij]	여[jʌ/jə]
w계	위[wi]	웨[we]	왜[wɛ]	*	*	와[wa]	*	워[wʌ]

　[j]계 이중모음은 [j]로 시작하여 다른 모음으로 옮겨가는 것(예, 얘, 유, 요, 야, 여)과 다른 모음에서 시작하여 [j]로 끝나는 것('의') 두 가지가 있음을 알 수 있다. [w]계 이중모음은 모음은 모두 [w]로 시작하여 다른 모음으로 옮겨가는 것(위, 웨, 왜, 와, 워)이다. '어' 모음의 두 개의 변이음은 이중모음에서도 동일하게 실현된다. 위 표에서 해당 이중모음이 없는 부분은 반모음의 음가와 단모음의 음가가 흡사하여 이중모음 구성을 하지 않는 경우가 된다.

　그리고 단모음 체계에서 이중모음으로 제쳐 두었던 '외'와 '위'를 기술해야 할 것이다. 이들은 각각 [wɛ](또는 [we])와 [wi] 소리 값을 가지게 되는데, 이중 "위"는 위의 표에 기술되어 있고, "외"는 위 이중모음 중 "왜(또는 "웨")"와 같은 소리를 갖는다. 원래 단모음이었던 것이 소리 값이 변하면서 문자와 음가가 일대일 대응이 되는 현상이 깨어진 것으로 볼 수 있다.

■ 한국어의 자음 체계

먼저 한국어의 자음 체계를 표로 보이면 다음과 같다.

한국어의 자음 체계 (19개)

조음방식 \ 조음점	양순음	치조음	경구개음	연구개음	성문음
폐쇄음 (파열음)	ㅂ[p] ㅍ[pʰ] ㅃ[p']	ㄷ[t] ㅌ[tʰ] ㄸ[t']		ㄱ[k] ㅋ[kʰ] ㄲ[k']	
마찰음		ㅅ[s] ㅆ[s']			ㅎ[h]
파찰음			ㅈ[c] ㅊ[cʰ] ㅉ[c']		
비음	ㅁ[m]	ㄴ[n]		ㅇ[ŋ]	
설측음		ㄹ[l]			

자음은 소리가 발음되는 위치에 따라 분류하고 이름을 붙일 수 있다. 자음을 발음할 때 관련되는 발음기관에는 스스로 움직이는 조음체 (또는 능동부)와 스스로 움직이지 못하고 소리 나는 장소를 제공하는 조음점 (또는 고정부)이 있다. 능동부에는 아랫입술과 혀가 있는데, 혀는 다시 혀끝, 앞 혓바닥, 뒤 혓바닥으로 구분된다. 고정부에는 윗입술, 윗니, 잇

몸, 경구개, 연구개가 있다.

위 자음체계에 더 넣을 것이 있다면, 이중모음을 구성하는 과도음 [j](경구개 반모음)와 [w](연구개 반모음)이다. 그러나 이 두 음은 음운에 해당하지 않고 음성에 해당한다. 위의 표는 음운(또는 음소)을 중심으로 그린 체계이다.

자음을 조음되는 위치에 따라 나누어 부를 때 조음방식과 조음점의 명칭을 따라 지칭함으로써 음의 특성을 표현한다. 위 자음체계를 참고하면서 한국어의 자음을 설명해 보기로 한다. 음소를 중심으로 설명하되, 각 음소에 관련되는 변이음(즉, 음성차원의 소리)도 함께 설명한다.

(1) 폐쇄음(閉鎖音, plosive, stop) - /ㅂ, ㅍ, ㅃ, ㄷ, ㅌ, ㄸ, ㄱ, ㅋ, ㄲ/

폐쇄음은 입술이나 입안의 어떤 자리를 막았다가 날숨으로 거기를 터뜨려서 내는 소리이다. 그러므로 파열음(破裂音, 터짐소리)이라고도 한다. 폐쇄음에는 조음위치(調音位置)가 다른 양순음(兩脣音, bilabial), 치조음(齒槽音, alveolar), 연구개음(軟口蓋音, vealr, soft palatal)의 세 종류가 있다. 이 음들은 각각 조음방법의 차이에 따라 연음(軟音, lenis, 또는 평음, 平音), 유기음(有氣音, aspirate), 경음(硬音, fortis)의 셋으로 나뉜다.

양순음은 두 입술을 막았다가 터뜨리면서 나는 소리로, 평음 /ㅂ/([p],[b],[p˺]), 유기음 /ㅍ/([pʰ]), 경음 /ㅃ/([p'])이 있다. 평음(=예사소리)은 조음기관의 긴장도가 낮아 약하게 파열되는 소리로 연음이라고도 한다(특별한 다른 조음을 수반하지 않는 음이라고 하여 평음이라고도 한다). 유기음(=거센소리)은 폐쇄음의 파열 이후 다음 모음 소리가 나기 전에 성대 마찰을 수반하는 [h]와 같은 소리, 곧 "기(氣)"를 수반하여 내는 음이다. 한국어의 양순 폐쇄 유기음은 /ㅍ/([pʰ])이다. 경음(=된소리)은 폐쇄음의 파열이 일어나면서 폐쇄된 성문에 긴장을 수반하는 음이다. 한국어의 양순 폐쇄 경음은 /ㅃ/([p'])이다. 평음 /ㅂ/([p])는 무성음(無聲音, voiceless sound)인데, 유성음(有聲音, voiced sound) 사이에서는 유성음화 되어 양순 폐쇄 유성음 [b]로 소리 난다(예: 아버지, 아부). 곧 [p]와 [b]는 조건 변이음 관계에 있는 음들이다. 또한 평음 /ㅂ/은 음절의 끝에서는 닫히는 소리에서 끝나고 파열이 진행되지 않는 내파음(內破音, implosive)으로 소리 난다(예: 압제, 굽). 양순 폐쇄 내파음은 [p˺] (또는 [p̚], [p>])으로 표시한다.

치조음은 혀끝과 잇몸에서 조음되는 소리로, 평음 /ㄷ/([t],[d],[t˺]), 유기음 /ㅌ/([tʰ]), 경음 /ㄸ/([t])이 있다. 잇몸소리 또는 치경음(齒莖音)이라고도 한다.

연구개음은 혀의 뒷부분과 연구개에서 나는 소리로, 평음 /ㄱ/([k], [g], [k˺]), 유기음 /ㅋ/([kʰ]), 경음 /ㄲ/([k'])이 있다.

(2) 마찰음(摩擦音, fricative) - /ㅅ, ㅆ, ㅎ/

마찰음은 조음기관의 어느 부분이 좁아져서 그 통로를 공기가 비집고 나오면서 마찰하여 나는 소리로 치조음 /ㅅ/([s]), /ㅆ/([s']), 성문음 /ㅎ/([h])이 있다.

치조음 /ㅅ/([s])은 혀끝이 잇몸 뒷벽에 아주 가까이 접근하여 마찰을 일으키는 소리이다(예: 산나물, 산토끼, 선생님). 이 음은 그 소리 나는 환경에 따라 구개음화된 'ㅅ' 소리 [ɕ], 구개음화되고 원순음화된 'ㅅ'

소리 [ʃ]로 변이음을 이룬다. 전설 고모음 /이/나 경구개 반모음 /j/ 앞에서는 구개음화된다(예: 신[ɕin], 오셔서[oɕjəsə]). 원순 전설 고모음 /위/ 앞에서는 [ʃ]가 된다(예: 쉼터[ʃi:mtʰʌ], 아쉬운[aʃiun]).

치조음 /ㅆ/([s])는 전설 고모음 /이/ 앞에서 구개음화된 [ɕ'] 변이음을 갖는다(예: 물씬[mulɕ'in], 씨앗[ɕ'iaťˉ]).

성문음(glottal) /ㅎ/([h])은 폐로부터 나오는 기류가 성문을 통과하면서 성문 마찰을 일으키는 소리이다. 이 음은 전설 고모음 /이/나 경구개 반모음 /j/ 앞에서 구개음화되어 경구개마찰음 'ㅎ' 소리 [ç]가 되고(예: 힘[çim], 현대[çəndɛ], 향수[çaŋsu]), 후설 고모음 /으/ 앞에서는 연구개마찰음 'ㅎ' 소리 [x]가 된다(예: 흙[xikˉ], 흑산도[xikˉs'ando]).

(3) 파찰음(破擦音, affricate) - /ㅈ, ㅊ, ㅉ/

파찰음은 파열과 마찰이 함께 조음되어 나는 소리로 경구개음(硬口蓋音, palatal) /ㅈ/[c], /ㅊ/[cʰ], /ㅉ/[c']이 있다. /ㅈ/은 소리 나는 환경에 따라 무성음 [c], 유성음 [ʥ][z] 변이음을 갖는다(예: 잠[cam], 남자[namʥa], 아줌마[azumma]).

(4) 비음(鼻音, nasal) - /ㅁ, ㄴ, ㅇ/

비음은 입안의 통로를 막고 코로 소리를 내보내는 음이다. 양순음 /ㅁ/([m]), 치조음 /ㄴ/([n]), 연구개음 /ㅇ/([ŋ])이 있다. 이 소리들은 모두 공명을 일으키는 유성음이다.

/ㅁ/ 소리는 두 입술을 닫고 연구개를 내려 폐로부터 나오는 기류를 비강을 통해 내보내면서 조음한다. 양순 파열음 /ㅂ/과 조음동작이 매우

비슷하나 연구개가 하강해서 비강 통로가 열린다는 점이 다르다. 이 음은 받침소리와 유성음 환경에서도 역시 같은 음이다. /ㄴ/ 소리는 혀끝과 혓날을 윗잇몸에 대고 연구개를 내려 기류를 비강으로 내보내면서 조음한다. 이 음은 전설 고모음 /이/ 모음 앞에서 구개음화된 [ɲ] 소리로 발음된다(예: 선생님[sʌnseɲɲim]).

(5) 설측음(舌側音, lateral) - /ㄹ/

설측음(=혀옆소리)은 혀끝을 윗잇몸에 대면서 혀의 양 옆으로 내는 소리이다(예: 돌[dol]). 유성음 환경에서 탄설음 [ɾ]로 발음되기도 한다. 탄설음(彈舌音)은 혀끝이 잇몸에 한 번 닿았다 떨어지며 조음되는 소리이다(예: 노래[noɾɛ]).

이상에서 설명한 음들은 곧 한국어의 자음 음성들이 된다. 이는 앞에서 제시한 음소 체계보다 더 많은 수의 음이다. 각 음들이 변이음을 가졌기 때문이다. 자음의 변이음의 종류를 다시 모아 보면 다음과 같다:

① 음절 끝(받침소리)에서: [p̚], [t̚], [k̚]
② 유성음 사이 환경에서: [b], [d], [g], [dz]
③ 모음 /이/나 반모음 [j] 앞에서: [ɕ], [ɕ'], [ɕ͈], [ɲ]
④ 이 밖의 특별한 환경에서: [ʃ], [x]

2.3. 한국어 음절 구조

■ **음절의 정의와 특성**

자음이나 모음과 같은 분절음(分節音)이 이어지면 분절음보다 더 큰 음운론적 단위가 되는데, 그것이 곧 음절(音節, syllable)이다.

음절은 다음과 같은 특성을 지닌다.

1) 음절은 하나 이상의 분절음으로 구성된다. '아' /a/는 한 분절음이, '야' /ja/는 두 분절음이, '딸' /t'al/은 세 분절음이, '관' /kwan/은 네 분절음이 한 음절을 구성한 예이다. 그런데 '맑다'와 같은 예에서 표기상의 단위인 음절자(音節字)와 '막따' /mak̚/+/t'a/는 구별해야 한다. 음절자는 6개이지만, 5개의 분절음으로 구성된 음절이다.

2) 음절은 더 이상 쪼갤 수 없는 최소의 발음가능한 단위이다. 음절을 둘 이상으로 쪼개면 쪼개진 조각 중 적어도 하나는 발음할 수 없는 조각이 된다. 예를 들어 음절 '순'은 그 자체로 발음가능한 단위인데, 'ㅅ'과 '운'으로 쪼개든 '수'와 'ㄴ'으로 쪼개든 발음할 수 없는 ㅅ, ㄴ과 같은 조각이 생겨난다. 이것은 음절을 발음가능한 단위로 만들어주는 성절음(成節音, syllable segment)이 한 음절에 하나씩만 들어 있기 때문에 생기는 특성이다.

3) 음절은 '(초성) + 중성 + (종성)'의 구조를 가지는데 중성은 필수적인 성분이고 중성에는 반드시 성절음이 하나가 들어 있다.

4) 음절에는 운율적 요소(강세, 음장, 성조 등)가 걸린다.

■ 음절 구조와 유형

음절의 구조(syllabic structure)는 다음과 같다.

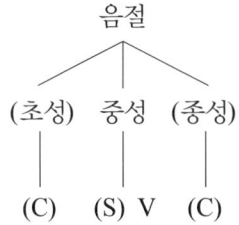

* C(consonant, 자음), S(semi-vowel, 반모음), V(vowel, 모음)
* 소괄호는 생략 가능함을 나타낸다.

  음절은 음절성분(音節成分)인 초성(初聲), 중성(中聲), 종성(終聲)으로 구성되는데, 필수적인 음절성분은 중성이고, 초성과 종성은 수의적(隨意的)이다. 초성과 종성은 각각 자음 하나씩으로 구성된다. 중성은 단순모음이나 이중모음으로 구성된다.
  음절의 구조 유형은 위에서 살핀 것과 같은 유형으로 C-S-V-C의 단층적인 것으로 볼 수도 있지만, 각 언어권에 따라 계층적인 구조를 상정하는 경우도 있다.

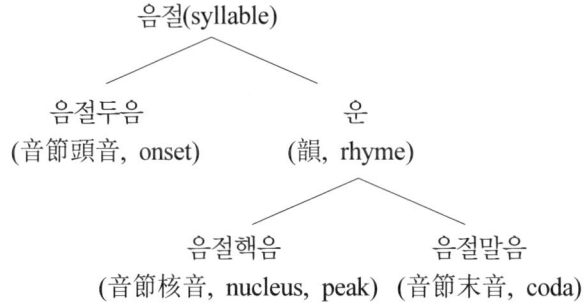

음절구조는 음절성분 차원에서 4가지 유형이 있고, 분절음 차원에서는 8가지 유형이 있다.

음절구조 유형

음절성분	분절음	예
중성	V	어
	SV	여
초성+중성	CV	거
	CSV	겨
중성+종성	VC	언
	SVC	연
초성+중성+종성	CVC	건
	CSVC	견

종성이 없는 음절을 개음절(開音節, open syllable)이라 하고 종성이 있는 음절을 폐음절(閉音節, closed syllable)이라 한다. 위의 예에서 '어, 여, 거, 겨' 같은 것들은 개음절이고, '언, 연, 건, 견'과 같은 것들은 폐음절이다.

성절성(成節性)을 갖는 모음은 음절구성의 필수 성분으로 음절핵(音節核, syllable nucleus)이라고 한다. 영어에서는 자음이 음절핵이 될 수 있다. 영어 단어의 예로 'film[film], bottle[bɔtl], button[bʌtn], rhythm[riðm]'은 두 음절소리이다. 두 번째 음절의 음절핵이 자음이 되는 예이다. 성절을 이루는 자음을 특히 성절 자음(syllabic consonant)라고 한다.

이에 비해, 영어의 high[hai], how[hau], hay[hei], go[gou], boy[bɔi], foul[faul], here[hiə]의 [i], [u]는 모음이지만, 그 앞이나 뒤에 그보다 더 큰 소리가 있어서 꼭대기를 이루지 못한다. 이러한 소리를 비성절 모음

(non-syllabic vowel)이라 한다.

> ■ 더 알아볼 거리
> 각 분절음의 특성을 말하는 데에 공명도라는 개념을 사용합니다. 공명도를 음절의 개념에 어떻게 적용할 수 있을까요?

음성학적으로 음절은 공명도가 큰 분절음에 공명도가 작은 분절음들이 양쪽에 달려 있는 모습을 하고 있다. 공명도(共鳴度, sonority)는 같은 조건에서 발음했을 때 멀리 들리는 정도인데, 가청도(可聽度)라고도 한다. 공명도의 대소관계는 대체로 '장애음 <공명자음 <반모음 <고모음 <중모음 <저모음'이다. 음절의 최대구조 CSVC에서 공명도가 가장 큰 성절음 V가 봉우리를 형성하고, 공명도가 그 다음으로 큰 S가 V에 기대고 있으며, 공명도가 작은 C가 양쪽에서 중성에 기대고 있다.

* 공명도(共鳴度, sonority)는 청취적 측면에서 소리의 크기 정도를 말하는 것으로 Jespersen(1904)에서는 다음과 같은 공명도를 제시하였다(소리의 크기는 입을 벌리는 크기와 성대의 진동과 관련이 있다).

공명도 :
1. 무성 자음 p, t, k, f, s 등
2. 유성 폐쇄음 b, d, g 등
3. 유성 마찰음 v, z 등
4. 비음 및 설측음 m, n, ŋ, l 등
5. 전설음 및 탄설음 r, ɹ 등
6. 폐모음(고모음) i, ɨ, u 등
7. 반폐모음(중모음) e, ɛ, o, ɔ 등
8. 개모음(저모음) a, ɑ 등

이러한 공명도 등급에 의하여 "visit"와 "방문"이란 단어에 대해 다음과 같은 음절분석을 할 수 있다. 즉, "visit"는 공명도 등급에 있어서 3-6-3-6-1로 분석되므로 가장 강한 '6'이 각각 음절정점이 되므로 이 단어는 2음절로 분석된다. "방문"은 공명도 등급에 있어서 1-8-4-4-6-4로 분석되므로 '8'과 '6'이 각각 음절정점이 되므로 이 단어는 2음절로 분석된다.

* 공명도와 흡사한 개념으로, 간극도(間隙度, aperture)가 있다. 이는 조음적 측면에서 입의 개폐(開閉) 정도를 말하는 것이며, Saussure(1916)에서는 다음과 같은 간극도를 제시했다.

　　간극도　0 : 폐쇄음
　　　　　　1 : 마찰음
　　　　　　2 : 비음
　　　　　　3 : 설측음
　　　　　　4 : 고모음
　　　　　　5 : 중모음
　　　　　　6 : 저모음

2.4. 한국어의 음운 결합 규칙

■ 음운 규칙의 종류

음운과 음운이 연결될 때 일어나는 음운 결합 규칙에 대하여 살펴보기로 한다. 음운이 결합될 때 소리가 바뀌는 것은 기본적으로 음절연결제약 때문이다. 음절이 바로 연결될 수 없는 제약이 생길 때 음운이 다른 것으로 바뀌는 현상이 일어난다. 이러한 것을 우리는 음운규칙(音韻規則, phonological rule) 또는 음운과정(音韻過程, phonological process)이라고 한다.

음운규칙은 분절음의 관점에서 대치, 탈락, 첨가, 축약, 도치 등의 유형이 있다. 또한 변화가 일어나는 음운 환경의 관점에서 동화(同化, assimilation), 이화(異化, dissimilation)의 유형이 있다. 음운규칙 중 많은 경우가 동화에 해당하는데, 동화는 다시 다음과 같은 유형으로 나뉜다. 비슷해지는 정도에 따르는 완전동화, 부분동화가 있다. 그리고 동화가 일어나는 방향에 따르는 순행동화, 역행동화의 유형이 있고, 동화를 일으키는 음과 동화되는 음의 인접 정도에 따르는 직접동화, 간접동화가 있다.

음운규칙을 위의 유형에 따라 살펴볼 수도 있으나, 여기에서는 먼저 자음과 관련되는 음운규칙을 먼저 살피고, 다음에 모음에 관련되는 음운규칙을 살피면서, 각 음운규칙이 위에 제시한 유형늘 중 어디에 해당하는지를 설명하기로 한다. 또한 각 음운규칙은 대부분이 공시적으로 일어나는 것이지만, 경우에 따라 통시적으로 음운 변천을 일으킨 경우에 해당하는 것도 있다. 이런 점도 함께 언급하기로 한다. 또한 음운의 변이음 사이에서 일어나는 이음과정(異音過程)도 뒤에서 살펴보기로 한다.

음운규칙의 종류

* 자음과 관련된 음운규칙	* 모음과 관련된 음운규칙
(1) 비음화	(18) 전설모음화('이'모음역행동화, 움라우트)
(2) 유음화	(19) 모음조화
(3) 조음위치동화(변자음화)	(20) 반모음화
(4) 폐쇄음첨가	(21) 원순모음화
(5) 폐쇄음탈락	(22) 동모음탈락
(6) 경음화	(23) '으' 모음탈락
(7) 격음화(유기음화)	(24) 'j' 첨가
(8) ㄴ첨가	(25) 모음축약
(9) 구개음화	(26) 단모음화(單母音化)
(10) 음절말 중화(평폐쇄음화)	* 운율과 관련된 음운규칙
(11) 겹받침단순화(자음군단순화)	(27) 단모음화(短母音化)
(12) 두음법칙	(28) 보상적 장모음화
(13) ㅎ탈락	* 변이음과 관련된 음운규칙
(14) ㄷ탈락	(29) 불파음화
(15) ㄹ탈락	(30) 유성음화
(16) 연음규칙	(31) 설측음화
* 자음·모음과 관련된 음운규칙	(32) 구개음화
(17) 음운도치(음운전위)	(33) 탄설음화

■ 자음과 관련된 규칙

(1) 비음화

비음화(鼻音化)는 크게 두 종류로 나누어 볼 수 있다. 먼저 장애음의 비음화 현상이다. 비음이 아닌 폐쇄음(ㅂ,ㄷ,ㄱ)이 비음(ㅁ,ㄴ) 앞에서 비음(ㅁ,ㄴ,ㅇ)으로 바뀌는 음운현상이다(ㅂ→ㅁ, ㄷ→ㄴ, ㄱ→ㅇ). 비음화는 단어 경계를 넘어서도 적용되며, 생산적이고 규칙적인 음운현상이다.

예) 밥 먹는다→[밤 멍는다], 믿는다→[민는다], 무럭무럭→[무렁무럭], 무척 많다→[무청만타], 능막염→[능망념], 생각만큼→[생강만큼], 꽉 물다→[꽝물다], 막는다→[망는다], 엮는다→[영는다], 굽는다→[굼는다], 국문법→[궁문뻡], 국물→[궁물], 밥물→[밤물], 잡는→[잠는], 저녁마다→[저녕마다]

음절말중화나 겹받침단순화로 생겨난 폐쇄음도 비음화된다. 다음 예의 앞 음절 'ㅍ, ㅅ' 같은 것은 음절말중화로 'ㅂ, ㄷ' 음으로 바뀐 후 비음화 과정을 겪는다. 또한 'ㄿ, ㅄ' 같은 겹받침은 겹받침단순화로 'ㅂ'으로 바뀐 후 비음화 과정을 겪는다.

예) 앞만(→압만)→[암만], 못 만나(→몯 만나)→[몬 만나], 닦는(→닥는)→[당는], 뱃머리(→밷머리)→[밴머리], 읊는다(→읍는다)→[음는다], 끝나다(→끋나다)→[끈나다], 늦는다(→는는다)→[는는다], 값나가다(→갑나가다)→[감나가다], 흙내(→흑내)→[흥내], 놓느다(→녿느다)→[논느다], 옷맵시(→옫맵시)→[온맵씨], 앞마당(→압마당)→[암마당], 윷놀이(→윧놀이)→[윤노리]

장애음의 비음화 현상은 자음동화 중의 하나이며, 앞의 것이 뒤의 것을 닮아 바뀌므로 역행동화이다. 완전동화일 때도 있고(닫는다→[단는다]), 부분동화일 때도 있다(잡는다→[잠는다]). 그리고 직접동화이며, 분절음의 관점에서는 '대치'가 된다.

비음화의 또 한 가지 경우는 유음(ㄹ)의 비음화 현상이다. ㄹ이 비음 뒤에 오면, ㄹ이 비음에 동화되어 ㄴ으로 바뀌는 음운현상이다.

> 예) 종로→[종노], 공론→[공논], 궁리→[궁니], 강릉→[강능], 대통령→[대통녕], 감로주→[감노주], 금리→[금니], 남루→[남누], 담력→[담녁], 침략→[침냑], 금리→[금니], 등록→[등녹], 결단력→[결딴녁]

그런데, 다음에 제시하는 예에서 보듯이, 앞의 음절 종성이 ㅂ, ㄷ, ㄱ인 경우에도 결과적으로 비음화가 일어나게 된다. 이 음운 과정을 설명하는 방법이 통일되어 있지는 않으나, ㅂ, ㄷ, ㄱ이 ㄹ을 만나 일단 공명성이라는 점에서 동화의 요인이 될 수 있는 비음 ㅁ, ㄴ, ㅇ으로 바뀐다고 볼 수 있다. 그리고 이는 비음화 환경이 되므로 ㄹ이 ㄴ으로 바뀌는 비음화가 일어나게 된다. 결국 ㄹ의 비음화 현상이란 ㄹ이 폐쇄음과 비음 뒤에 오면 ㄴ 소리로 바뀌는 음운현상이라고 할 수 있다(ㄹ→ㄴ).

> 예) 입력(→임력)→[임녁], 갑론을박(→감론을박)→[감논을박], 압력(→암력)→[암녁], 석란(→성란)→[성난], 석류(→성류)→[성뉴], 막론(→망론)→[망논], 백리(→뱅리)→[뱅니], 협력(→혐력)→[혐녁], 십리(→심리)→[심니]

다음 예들은 ㄹ이 비음을 만나 ㄹ이 비음으로 바뀌는 비음화 현상이다.

> 예) 음운론→[으문논], 청산리→[청산니], 이만리→[이만니], 보문로→[보문노], 선릉→[선능], 온랭전선→[온냉전선], 임진란→[임진난], 남루하다→[남누하다], 염려→[염녀], 망라하다→[망나하다]

ㄹ이 ㄴ을 만났을 때 일어나는 비음화 예도 있지만 대부분은 ㄴ이 ㄹ로 바뀌는 유음화 쪽을 택한다(예: 광한루→[광할루], 산란기→[살란기], 천리만리→[철리말리]). 즉 동일한 음운 환경인데 어떤 단어에서는 비음화가 일어나고 어떤 단어에서는 유음화가 일어나니 유의해서 알아두면 좋을 것이다.

앞서 살펴본 장애음의 비음화 현상과 달리 유음의 비음화 현상은 순행적 동화이다. 유음 ㄹ이 비음 ㅇ, ㅁ을 만나 ㄴ이 되는 경우는 공명자질만 동화된 것으로 부분동화가 되며, 비음 ㄴ을 만나 ㄴ으로 되는 경우는 완전동화가 된다. 유음 ㄹ이 폐쇄음 ㅂ, ㄷ, ㄱ을 만난 경우에는 부분동화라고 할 수 있다.

(2) 유음화

유음화(流音化)는 ㄴ이 ㄹ을 만나서 ㄹ로 바뀌는 음운현상이다. 유음화는 크게 두 유형, 곧 순행적 유음화와 역행적 유음화로 나누어 볼 수 있다. ㄹ이 ㄴ의 앞에 온 경우는 순행적 유음화가 되고, ㄹ이 ㄴ의 뒤에 온 경우는 역행적 유음화가 된다. 순행적 유음화는 단어 경계에 상관없이 ㄹ이 ㄴ을 만나기만 하면 일어나는 강력한 음운현상이다. 이에 비해 역행적 유음화는 단어 내부에 국한되며, 한자어에서만 일어나는데, 일부 한자어의 경우에는 유음화가 일어나지 않는다.

- ㄹ-ㄴ(→ㄹ-ㄹ)
  예) 달님→[달림], 불노초→[불로초], 일년→[일련], 돌나물→[돌라물], 칼날→[칼랄], 아들네→[아들레], 앓는다→[알른다], 훑는다→[훌른다], 핥는다→[할른다]

- ㄴ-ㄹ(→ㄹ-ㄹ)
  예) 천리만리→[철리말리], 난리→[날리], 곤란→[골란], 연루→[열루], 열녀→[열려], 찰나→[찰라], 불능→[불릉], 산란기→[살란기]
  예외) 음운론→[으문논], 판단력→[판단녁], 동원령→[동원녕], 청산리→[청산니], 이만리→[이만니], 보문로→[보문노]

왜 분절음 ㄴㄹ 연쇄가 ㄴㄴ으로 실현되기도 하고(유음의 비음화) ㄹㄹ(역행적 유음화)로 실현되기도 하는지에 대해 생각해 보기로 한다.

(a) 본래→[볼래], 신라→[실라], 간략→[갈략]
(b) 음운론→[으문논](*으물론), 청산리→[청산니](*청살리), 보문로→[보문노](*보물로)
(c) 탄력성→[탈력썽](*탄녁썽), 산란기→[살란기](*산난기)

통시적으로 역행적 유음화와 ㄹ의 비음화는 경쟁 관계에 있었던 것으로 생각된다. 그런데 (a)와 같은 역행적 유음화가 더 이른 시기에 일어났다. 이후 ㄹ의 비음화가 일어나면서, 경쟁관계에 놓이는 (b)의 예들이 생겨나게 된다. (a)의 예들은 본래 하나의 단어로 굳어져 있었으므로, 역행적 유음화로 발음되었으므로 이후 시기에 생긴 ㄹ의 비음화가 간섭할 여지가 없었다. 그런데 (b)의 예들은 "음운"과 "론"의 결합 과정이 인지되므로 단어 경계 인식이 있었을 것이고, (c)와 같은 역행적 유음화는 단어 내부에서 일어나는 제약 때문에 유음화가 일어나지 않은 것이다. 특히 (b)의 예는 '론(論), 리(里), 로(路)'가 음절 초성으로 인지되는 두음 법칙 적용 환경으로 인지될 수 있었다. 이에 따라 "논, 니, 노"가 되어,

결국 ㄹ의 비음화가 적용되는 것과 동일한 결과가 된 것이다. 그리고 이 [으문논]이라는 발음이 표준발음으로 채택되었다. 그러나 사람에 따라 [음울론]이라고 발음하는 경우도 있다. (c)의 예들은 '탄'과 '력'이 결합되는 과정이 인지되지 않는 예라고 할 수 있다. 그러므로 단어 내부에서 일어나는 역행적 유음화가 일어난 것이다.

유음화는 자음동화의 하나로, 완전동화이며, 직접동화이다.

위에서 설명한 비음화와 유음화가 바로 한국어의 자음동화(子音同化) 또는 자음접변(子音接變)이라고 통칭하는 세부 내용이 된다. 그러면, 위의 내용을 포함하여 자음동화를 다시 설명해 보기로 한다.

- 자음동화 : 음절의 끝 자음이 뒤에 오는 자음과 만날 때에, 어느 한쪽이 다른 쪽을 닮아서 그와 비슷하거나 같은 소리로 바뀌기도 하고 양쪽이 서로 닮아서 두 소리가 다 바뀌기도 하는 현상. 'ㅂ,ㄷ,ㄱ'이 'ㅁ,ㄴ' 앞에서 각각 'ㅁ,ㄴ,ㅇ'이 되고(밤물→[밤물], 붇는다→[분는다], 약물→[양물]), 'ㅁ,ㅇ'과 'ㄹ'이 만나면 'ㄹ'이 'ㄴ'이 되고 (삼림→[삼님], 상록수→[상녹쑤]), 'ㅂ,ㄷ,ㄱ'과 'ㄹ'이 만나면 각각 'ㅁ,ㄴ,ㅇ'과 'ㄴ'이 되고(법률→[범뉼], 몇 리→[면니], 역량→[영냥]), 'ㄴ'이 'ㄹ' 앞에 오거나 뒤에 오거나 'ㄴ'이 'ㄹ'로 변함(전라도→[절라도], 칼날→[칼랄]). (금성판 국어대사전 인용)

통시적으로 유음이 탈락한 예들이 있다. 예를 들면 "겨우내, 아드님, 소나무, 부나비" 같은 것들이다. 역사적으로 유음 탈락이 유음화보다 이른 시기에 일어났다고 볼 수 있다.

(3) 조음위치동화(변자음화)

앞의 비음화, 유음화는 그 환경이 되면 필수적으로 일어나는 음운현상이었는데, 이 조음위치동화(調音位置同化)는 수의적(隨意的)인 음운현상이다. 개인적인 방언이나 지역 방언에서 나타나는 것으로 표준발음에서는 이 음운현상의 적용을 인정하지 않는다.

조음위치동화란 ㄷ, ㄴ은 양순음 앞에서 각각 ㅂ, ㅁ으로(ㄷ→ㅂ, ㄴ→ㅁ), 연구개음 앞에서 각각 ㄱ, ㅇ으로 바뀌고(ㄷ→ㄱ, ㄴ→ㅇ), ㅂ, ㅁ도 연구개음 앞에서 각각 ㄱ, ㅇ으로 바뀌는(ㅂ→ㄱ, ㅁ→ㅇ) 음운현상이다. 양순음과 연구개음은 구강의 주변위치에서 조음되므로 변자음(邊子音)이다. 따라서 이 조음위치동화는 구강의 가운데 위치에서 변자음으로 바뀐다는 뜻으로 변자음화라고도 한다.

예) 엿보다→[엽뽀다], 팥빙수→[팝삥수], 절반만→[절밤만], 신발→[심발], 신문→[심문], 믿고→[믹꼬], 홋카이도→[혹카이도], 안기다→[앙기다], 한 개→[항개], 밥그릇→[박그를], 입고→[익꼬], 감기→[강기], 임금님→[잉금님]

(4) 폐쇄음 첨가(중복자음화)

폐쇄음 첨가는 폐쇄음과 파찰음의 경음과 유기음 앞에서 조음위치가 같거나 가까운 평폐쇄음 ㅂ, ㄷ, ㄱ이 수의적으로 첨가되는 음운현상이다. 이 음운현상은 표준발음으로 인정되는 것은 아니다. 표준발음은 아니지만 많은 사람들이 이렇게 발음하므로 하나의 음운 현상으로 알아두면 좋을 것이다.

예) ㅂ 첨가 : 가쁘다→[갑쁘다], 재빨리→[잽빨리], 아프다→[압프다]
  ㄷ 첨가 : 어떠냐→[얻떠냐,] 이틀→[읻틀], 가짜→[갇짜], 밭에(→바테)→[받테], 수치→[숟치]
  ㄱ 첨가 : 베끼다→[벡끼다], 지키다→[직키다]

이 음운현상은 앞의 모음 발음 후 뒤의 경음과 유기음의 발음을 위해 폐쇄의 단계로 들어가는 과정에서 첨가되는 음이 생겨나는 것이라고 할 수 있다. 폐쇄음첨가 현상을 중복자음화라고도 하는데, 모든 자음에서 일어나는 것이 아니고, 동일한 자음이 중복되는 것도 아니므로 적절한 명칭은 아니라고 본다.

(5) 중복자음감축

평폐쇄음(平閉鎖音) ㅂ,ㄷ,ㄱ이 조음위치가 같은 폐쇄음·파찰음의 경음과 유기음 앞에서 수의적으로 탈락하는 음운현상이다. 즉 ㅂ이 ㅃ,ㅍ 앞에서 탈락하고, ㄷ이 ㄸ,ㅌ,ㅉ,ㅊ 앞에서 탈락하며, ㄱ이 ㄲ,ㅋ 앞에서 탈락하는데, 이 현상은 수의적인 것이다.

예) ㅂ 탈락 : 고집뿐→[고지뿐], 집 팔고→[지팔고]
  ㄷ 탈락 : 받더라→[받떠라]→[바떠라], 옷 털고(→옫털고)→[오털고], 얻습니다(→얻씀니다)→[어씀니다], 묻소(→묻쏘)→[무쏘]
  ㄱ 탈락 : 적고→[적꼬]→[저꼬], 꼭 끼다→[꼬끼다]

이 음운현상은 앞 음절 말의 폐쇄음 발음이 동일한 조음위치의 다음 음절의 발음과 만나면, 동일한 조음위치에서 두 음으로 다 또박또박 발음하기 전에는 그냥 지속되어 이어지는 음이 된다. 특히 폐쇄음의 경음, 유기음은 그 시작 단계에서 폐쇄의 효과가 있으므로, 자연히 앞 음절 발음 효과를 갖게 된다.

이 음운현상을 평폐쇄음화라고도 하는데, 이렇게 이름을 붙인다면 뒤에서 살필 ㄷ 탈락도 포함하는 것이 되므로 적절한 이름이 아니다. 중복자음감축이라는 말도 엄밀히 말하면 'ㄷ'과 'ㅌ', 'ㅂ'과 'ㅃ', 'ㄱ'과 'ㄲ'은 동일자음은 아니므로 적절하지 않다고 볼 수도 있다.

(6) 경음화

경음화(硬音化)는 매우 여러 경우에 발생하는 음운현상이라서 앞에서와 같은 몇 환경을 제시하는 것으로 설명되기 어렵다. 기본적으로 경음화는 앞 음의 미파화(未破化)와 동시에 성문 폐쇄가 일어나면 인두강의 내부 압축기류가 생겨나 후두근육의 긴장이 일어나고, 동시에 뒤에 오는 장애음을 경음화시키게 되는 음운현상을 말한다. 그러나 현대인의 강한 어조의 경향에 의해 이러한 음운적 여건이 아닌 경우에도 경음화가 발생한다. 그러므로 경음화의 설명은 종류를 좀 나누면서 접근하는 것이 이해에 좋을 것이다.

먼저, 가장 기본적인 경음화부터 보기로 한다. 다음의 예들은 선행자음의 미파화에 의해 실현되는 경음화 현상이다. 즉 ㅂ,ㄷ,ㄱ 뒤에서 평음 ㅂ,ㄷ,ㄱ,ㅈ,ㅅ,이 경음으로 바뀐다.

예) 습진→[습찐], 잡고→[잡꼬], 숟가락→[숟까락], 듣지→[듣찌], 국밥→[국빱], 걱정→[걱쩡], 적발→[적빨], 먹고→[먹꼬], 숯불(→숟불)→[숟뿔], 풋사과(→푿사과)→[푿싸과], 짚신(→집신)→[집씬]

위와 같이 경음화의 동기가 명백한 음운환경에서는 한자어, 고유어 모두 적용된다. 이상과 같은 음운환경에서는 언제나 경음화가 일어나므로 자동적인 경음화라고 구분할 수 있다.

그러나 경음화의 동기가 명백하지 않은 음운환경에서도 경음화가 일어난다. 그 중 하나로, 선행음절이 공명자음인 경우에 후행자음을 경음화시키는 경우가 있다.

예) 안고→[안꼬], 안과→[안꽈], 감고→[감꼬], 검지만→[검찌만], 곰국→[곰꾹], 강바람→[강빠람], 물결→[물껼], 할 것→[할껻], 갈 데→[갈떼], 할수록→[할쑤록]
예외) 인구→[*인꾸], 김도 →[*검또], 감기(感氣)→[*감끼], 감전→[*감쩐], 강박→[*강빡], 갈고→[*갈꼬]

위의 예와 예외를 보면, 동일한 음운환경에서 경음화가 일어나기도 하고, 일어나지 않기도 하는 것을 볼 수 있다. 아래의 예외는 '안구, 검도, 감기' 등이 경음화 현상 없이 문자대로 발음된다. 그러므로 선행자음이 공명음인 경우에는 음운론적 요인과는 다른 어떤 요인이 개입되는 비자동적 경음화로 간주한다.

그러면, 공명음과 장애음이 만나서 경음화를 일으키는 경우를 하나씩 살펴보기로 한다.

① 먼저, 관형형어미 '-(으)ㄹ' 뒤에서 경음화가 일어난다. 이 현상은 관형형어미가 15세기 문헌에는 '-ᇙ'으로 표기되어 있었던 사실에서 그 연유를 찾을 수 있다. '-ㆆ' 형태는 관형형어미인 동시에 후두긴장 [?] 소리 효과를 지녀 뒤의 소리를 경음화 시키는 역할을 했었다. 현행 한글 맞춤법에서는 '-ㆆ'이 표기되지 않지만, 음의 관습에 의한 경음화는 남아 있다고 보는 것이다.

그런데 이러한 관형형 어미 환경에서 경음화가 일어나지 않는 예들이 있다. 그러므로 전적으로 통사적인 요인으로 설명하기에는 미흡함이 있다. 다음 예에서 밑줄 친 부분이 경음화와 관련되는 곳이다. 경음화가 일어나는 경우와 일어나지 않는 경우를 살펴보자.

예) 할 것이다[할꺼시다], 잘 데가[잘떼가] 없어, 갈 곳은[갈꼬슨], 알 바가[알빠가] 아냐, 살지도[살찌도] 몰라, 볼 걸[볼껄] 그랬지, 잘 생각할게[할께], 네가 모를 수[모를쑤] 있니? (필수적으로 일어남)

예) 화낼 짓, 옷 살 돈, 갈 사람, 알다가도 모를 사람, 만날 사람, 죽을 지경 (수의적으로 일어남)

예외) 선물 살 돈, 먹을 사과, 먹을 비빔밥, 내가 먹을 자두, 받으실 상품, 감동을 줄 사람, 빨리 만나야 할 사람

(김정아, 2000의 예문, 김태경, 1999, 이호영, 1996, 배주채, 1996의 예문 참고)

이러한 현상에 대해 김정아(2000)에서는 관형형어미 뒤의 경음화는 특정의 의존명사 부류와 관련되는 현상이라고 기술하고 있고, 이호영(1996)에서는 관형어와 명사 사이의 말토막 경계가 부과되는가의 여부로

보아, 부과되면 경음화가 안 일어나고, 부과되지 않으면 경음화가 일어나는 것으로 기술하였다.

② 다음으로, 표기에는 없지만 사이시옷의 존재가 인지될 때 경음화가 일어는 예들이 있다. 사이시옷은 'ㄷ'으로 음절말중화가 되어 폐쇄음이 되고, 다음 음운을 경음화시킬 여건을 만든다. 표기에 이미 사이시옷이 들어 있는 경우(예: 만둣국)는 굳이 따로 설명할 필요가 없을 것이다. 이 경우는 위의 자동적 경음화에 해당하기 때문이다. 사이시옷이 없는 경우(예: 눈사람)란, 앞 음절에 이미 받침이 들어 있기 때문에 더 이상 사이시옷을 쓸 공간이 없는 데에 기인한다.

사이시옷이 표기되지 않아도 사이시옷의 존재를 인지하는 것은 주로 의미상으로 복합어를 구성하는 앞뒤의 단어가 수식 관계나 소유 관계가 인지되는 경우라고 할 수 있을 것이다. 가령, '잠자리'가 잠을 자는 자리인 경우에는 '잠'과 '자리' 사이의 관계를 맺는 사이시옷의 존재를 인지하게 되어 경음화가 일어난 [삼짜리]가 되시만 곤충 '잠자리'는 단순이이므로 사이시옷의 존재를 인지할 수 없고 따라서 경음화도 일어나지 않는 것이다. 또한 '중죄'의 경우에는 경음화가 일어나지 않으나, '사기죄[쬐], 살인죄[쬐], 과실상해죄[쬐]'의 경우에는 경음화가 일어나는 것도 단순어와 복합어의 개념과 사이시옷의 개념으로 설명할 수 있을 것이다.

그러나 그 분간이 그리 명쾌한 것은 아니라서 경음화 현상의 설명에는 많은 어려움이 있다. 또한 고유어 복합어, 고유어와 한자어의 복합어의 경우에는 의미적 유속 관계로서 대략 설명이 되는 점이 있으나, 한자어 복합어의 경우에는 그렇지 못하다. 한자 낱글자가 의미는 가지고 있으나 우리말에서 단독으로 사용되지 않는 것들이라서 그러한 인지가 어렵기 때문이다.

다음의 예에서는 고유어 복합어와 고유어와 한자어의 복합어 예로, 의미적으로 사이시옷이 인지되면서 경음화가 일어나는 예이다.

예) 명사 + 명사 : 유속복합어(有屬複合語)
　　보름-밤, 그믐-달, 밤-거리, 힘-줄, 꿈-속, 손-바닥, 손-등, 산-길, 돈-주머니, 눈-사람, 등-불, 장-독, 창-가, 등-줄기, 술-병, 발-바닥, 술-독, 밀-가루, 널-조각, 물-새, 잠-자리(잠을 자는 자리), 발-걸음
예외) 금-부처, 구름-다리, 문-단속, 콩-밥, 이슬-비, 굴-젓, 보리-밭, 돼지-고기

예) 어간(관형형 어미) + 명사 : 유속복합어
　　길-짐승, 날-짐승, 들-숨, 자물-쇠, 열-쇠

다음의 어형에서는 이러한 현상이 일어나지 않는다.

예) 명사 + 명사 : 대등복합어
　　봄-가을, 손-발, 논-밭, 팔-다리, 비-바람, 개-돼지, 여기-저기, 사이-사이, 가지-가지

예) 명사 + 동사(형용사) : 복합동사(복합형용사)
　　힘-들다, 마음-잡다, 숨-쉬다, 선-보다, 손-쉽다, 멍-들다, 등-지다, 배-부르다, 귀-밝다, 뒤-밟다

③ 다음으로, 한자어 명사의 경우를 살펴보자. 한자어가 결합하여 단어를 만들 때, 경음화가 일어나는 경우가 있고 그렇지 않은 경우가 있다.

예) 문법→[문뻡], 교수법→[교수뻡], 국문과→[궁문꽈], 출발점→[출발쩜], 가능성→[가능썽], 칠십→[칠씹], 실정→[실쩡], 결실→[결씰], 발달→[발딸]

예외) 발견, 칠백, 실감, 결부, 결과, 불복, 열기, 절기, 출고, 팔경, 활보, 설계, 가설등기, 개발주의, 개발, 공설시장, 과실상해죄, 관절신경통

위의 예)와 예외)의 경우를 살펴보면, 경음화가 일어나는 요인이 의미적인 것으로서는 잘 설명되지 않는 점이 있다. 예)의 첫째 줄은 의미적으로 사이시옷이 인지되므로 경음화가 일어난다고 할 수 있으나 둘째 줄의 예들은 복합어로 보기 어려우므로, 사이시옷이 인지되지 않는데도 경음화가 일어난다. 그러나 아래의 예외)의 예들은 또 경음화가 일어나지 않는다. 이를 배주채(1996)과 이호영(1996)에서는 한자어 단순어 내부에서 ㄹ 뒤에 연결되는 ㄷ,ㅅ,ㅈ만 경음이 되고, ㅂ,ㄱ은 경음이 되지 않는다고 기술하고 있다.

④ 경음화의 또 한 경우로, 용언어간의 종성 ㄴ,ㅁ 뒤에서 어미나 접미사(피동·사동 제외)의 초성이 ㄷ,ㅅ,ㅈ,ㄱ이면 경음화를 일으킨다.

예) 껴안다→[껴안따], 껴안고→[껴안꼬], 껴안자→[껴안짜], 감더라→[감떠라], 신고→[신꼬], 심습니다→[심씀니다], 모심기→[모심끼], 머리감기→[머리감끼]

예외) 감기다, 신기다, 안기다, 숨기다, 굶기다, 옮기다(피동, 사동
　　　의 예)

위 예외)에서 '신기다(신을 신기다)' 같은 경우는 사람에 따라서 '신끼다'로 발음하기도 한다. '감기다'도 둘둘 돌려진다는 뜻으로는 경음화가 일어나지 않으나, '머리를 감기다' 같은 경우에는 '감끼다'로 발음할 수도 있다.
　경음화를 표준발음으로 인정하는 경우는 위에 제시한 네 경우에 국한된다. 그러나 실제로 표준발음을 벗어난 경음화가 굉장히 많이 쓰이고 있다. 이러한 현상은 어조가 더욱 강한 것을 선호하는 사회적, 심리적 요인에 기인한다고 볼 수 있다.

예) 머리 감기→[머리 깜끼], 과대표→[꽈대표], 소주→[쏘주], 개
　　구리→[깨구리], 고추→[꼬추], 닭다→[딱따], 조금→[쪼끔],
　　진하다→[찐하다], 집게→[찝게], 고가도로→[고까도로], 방법
　　→[방뻡]

'효과'의 경우 얼마 전까지 표준발음을 [효과]로 규정했었으나, 언중 대다수의 발음이 [효꽈]인 것을 감안하여 경음화가 일어난 경우도 표준 발음으로 인정하여 복수 발음으로 정해 두었다. '사건'과 '문법'도 과거에는 경음화를 인정하지 않았으나 이제는 경음화가 일어난 발음 [사껀], [문뻡]을 표준 발음으로 인정한다.

(7) 격음화(유기음화)

일명 거센소리되기라고도 한다. 국어의 거센소리로는 ㅊ, ㅋ, ㅌ, ㅍ이

있다. 거센소리는 평음 ㅈ, ㄱ, ㄷ, ㅂ에 후두의 거센 기운을 더하여 파찰을 일으킬 때 나는 소리이다. 그러므로 유기음화 현상은 평음 ㄱ, ㄷ, ㅂ, ㅈ 소리가 ㅎ 소리를 만나 ㅋ, ㅌ, ㅍ, ㅊ 소리로 변하는 현상을 말한다.

예) 좋+게→[조케], 좋+다→[조타], 좋+지→[조치]
좁+히다→[조피다], 깊+히다→[기피다], 국화→[구콰]

(8) ㄴ첨가

ㄴ첨가는 복합어나 파생어의 앞 말이 자음으로 끝나고 뒷말이 '이'[i]나 '반모음 이'[j]로 시작할 때 ㄴ 소리가 첨가되는 음운현상이다.

예) 솜이불→[솜니불], 맨입→[맨닙], 콩엿→[콩녇], 땜일→[땜닐], 센입천장→[센닙천장], 신여성→[신녀성], 신혼여행→[신혼녀행], 완행열차→[완행녈차], 장염→[장념], 신장염→[신장념], 일광욕→[일광뇩], 태양열→[태양녈], 좀약→[좀냑], 민간요법→[민간뇨뻡], 업신여기다→[업씬녀기다]

위 예들은 모두 '이'나 '반모음 이' 앞에서 ㄴ 자음이 첨가된 것들이다. ㄴ이 첨가된 후 이것이 다시 비음화 환경을 만들어서, 비음화를 일으키기도 한다. 다음 예들을 보자.

예) 늦여름(→늗녀름)→[는녀름], 첫여름(→천녀름)→천녀름, 홑이불(→혼니불)→혼니불, 영업용(→영업뇽)→영엄뇽, 종착역(→종착녁)→종창녁, 내복약(→내복냑)→내봉냑, 삯일(→삭

닐)→[상닐]

그런가 하면, '이'나 '반모음 이' 앞에서 ㄴ자음이 첨가된 후, 이것이 다시 유음화 환경을 만나 유음화를 일으키기도 한다.

예) 천일염(→처닐념)→[처닐렴], 불여우(→불녀우)→불려우, 일일이(→일니리)→일리리, 들일(→들닐)→들릴, 솔잎(→솔닙→)솔립, 물엿(→물녇)→물렫

다음의 예에서는 수의적으로 ㄴ첨가가 일어나기도 한다(주로 의성어, 의태어들). 두 경우를 모두 표준발음으로 인정한다.

예) 야금야금→[야금냐금/야그먀금], 야긋야긋→[야근냐근/야그댜근], 이죽이죽→[이중니죽/이주기죽], 일렁일렁→[일렁닐렁/일렁일렁], 검열→[검녈/거멸], 금융→[금늉/그뮹]

다음 예들은 ㄴ첨가 발음도 가능하긴 하지만 표준발음으로는 ㄴ첨가를 인정하지 않는 경우이다.

예) 백열등→[배결뜽/*뱅녈뜽], 송별연→[송벼련/*송별년], 금요일→[그묘일/*금뇨일], 편육→[펴뉵/*편늌], 오향장육→[오향장육/*오향장뉵], 구속영장→[구속영짱/*구송녕짱]

위 예들은 ㄴ첨가를 허용하지 않는 예들이니 주의해야 할 것이다.

(9) 구개음화(입천장소리되기)

구개음화(口蓋音化)는 구개음이 아닌 자음이 뒤에 오는 i나 j의 영향을 받아 구개음으로 바뀌는 현상이다. 구개음화의 대표적인 예는 "ㄷ-구개음화"이지만, 이밖에도 "ㄱ-구개음화", "ㅎ-구개음화"도 있다. 이들 구개음화는 모두 통시적으로 진행이 된 현상들이다. 이 중 "ㄷ-구개음화"는 구개음화 현상에 의해 표기 자체가 바뀐 경우도 있고, 표기를 원 형태로 그냥 두어 공시적인 음운현상으로 처리하기도 한다. "ㄱ-구개음화"와 "ㅎ-구개음화"는 통시적으로 일어난 언어현상이며, 이 음운 현상에 의해 바뀐 음운으로 표기를 삼고 있다. 이 두 구개음화는 현재 방언에서 일어나기도 한다.

• 공시적인 구개음화

공시적인 구개음화는 부사화 접미사 '-이', 명사화 접미사 '-이', 사동 및 피동 접사 '-이', 조사 '-이'가 'ㄷ'이나 'ㅌ' 뒤에 연결될 때 일어난다.

예) 굳이(→구디)→[구지], 곧이(→고디)→[고지], 같이(가티→)→[가치], 샅샅이(→샅싸티)→[샅싸치], 맏이(→마디)→[마지], 해돋이(→해도디)→[해도지], 쇠붙이(→쇠부티)→[쇠부치], 닫히다(→다티다)→[다치다], 묻히다(→무티다)→[무치다], 붙이다(→부티다)→[부치다], 끝이(→끄티)→[끄치]

ㄷ-구개음화는 형태소 내부에서는 일어나지 않으며, 낱말과 낱말 경계에서도 일어나지 않는다. ㄷ-구개음화는 합성어 내부에서도 일어나지 않는데, 이 때에 ㄴ첨가가 대신 일어난다.

예) 마디, 견디다, 디디다, 잔디 (형태소 내부), 새우젓 있니? →
[새우전 인니/새우저딘니](*새우저진니) (낱말과 낱말 경계),
홑이불→[혼니불](*호치불), 밭이랑→[반니랑](*바치랑), 밭
일→[반닐](*바칠), 겉일→[건닐](*거칠) (합성어 내부)

'마디, 견디다, 디디다, 잔디'는 공시적으로 보면, 이 단어들은 형태소 내부로서 ㄷ-구개음화가 일어나지 않는다고 설명할 수 있으나. 통시적으로 보면, 이 예들은 '마듸, 견듸다, 드듸다, 잔듸'와 같은 표기였으므로, [이]나 [j]음가가 아니었던 것이다. 따라서 구개음화를 겪지 않고 있다가 아래아 음가가 소멸되면서 그대로 '마디, 견디다, 드디다, 잔디' 같은 표기가 된 것이다. 이 예들의 '디'는 현대어에서도 음성적으로는 완전한 '이' 모음으로 발음되지 않고 이중모음의 잔재가 남아 있다.

• 통시적인 구개음화
통시적으로 구개음화가 일어난 것은 표기에 구개음을 적용하여 표기한 경우이다. 이에는 다음 세 경우가 있다.

① ㄷ-구개음화 : 됴타>좋다, 티다>치다, 역뎡>역정, 걱뎡>걱정, 엇디>어찌, 뎜(店)>점, 뎝시>접시, 부텨>부처, 힝뎍>행적, 디혜>지혜, 듕인(衆人)>중인, 듕(中)>중, 뎨자>제자, -디라>-지라, -디>-지
② ㄱ-구개음화(ㄱ>ㅈ) : 길경이>질경이
③ ㅎ-구개음화(ㅎ>ㅅ : 넓은 의미의 구개음화로 봄) : 힘힘훈>심심한, 힘>심, 혈물>썰물

그러나 일부 방언에는 아직 구개음화가 일어나지 않은 예들이 있다. 이는 구개음화가 일어나기 전의 옛 형태를 보여주는 것들이다.

    예) 됴심, 됴용하다, 뎡말, 언뎌살다, 뎡월, 티부

또한 표준어에는 구개음화가 안 일어났는데, 방언에 구개음화가 일어난 예들도 있다.

    예) 질(길), 지름(기름), 찌다(끼다), 심(힘), 성(형), 수지(휴지)

위에서 예를 들어본 통시적 구개음화와 방언의 예들은 현대적 관점의 음운론 사례는 아니다. 말의 기원을 들여다보면 구개음화 과정을 겪었다는 뜻으로 이해하면 된다.
  이밖에 음소 수준이 아니라 음성 수준에서 일어나는 구개음화도 있다. 이는 음운규칙이 아니라, 음성규칙에 해당하는 것이므로 뒤 (31)에서 살피기로 한다.

(10) 음절말중화(평폐쇄음화)

음절말중화(音節末中和)란 모든 장애음이 음절말에서 같은 조음자리의 평폐쇄음으로 중화되는 현상을 말한다. 우리말에서 받침소리가 될 수 있는 것은 'ㄱ,ㄴ,ㄷ,ㄹ,ㅁ,ㅂ,ㅇ'의 일곱 자음밖에 없다. 그러므로 음절말의 /ㅍ/은 /ㅂ/으로, /ㅌ,ㅅ,ㅆ,ㅈ,ㅊ/은 /ㄷ/으로, /ㅋ,ㄲ/은 /ㄱ/으로 소리 난다. /ㅎ/은 /ㄴ/ 앞에서 /ㄷ/으로 중화된다.

예) 앞→[압], 밭→[받], 났고→[낟꼬], 낫→[낟], 낮→[낟], 부엌→[부억], 낚시→[낙씨], 낳는다(→낟는다)→[난는다], 놓는(→놋는)→[논는]

음절말 ㅎ은 'ㄴ' 앞에서 'ㄷ'으로 바뀌지만, 휴지 앞에서 어떻게 바뀌는지 확인할 수 없다. ㅎ말음명사가 없기 때문이다. 그러나 만일 그러한 명사가 있다면, /ㄷ/ 소리로 중화하는 것으로 보는 것이 좋을 듯하다.

(11) 겹받침단순화(자음군단순화)

겹받침단순화는 국어의 겹받침(ㄳ,ㅄ,ㄺ,ㄻ,ㄼ,ㄽ,ㄾ,ㄿ,ㅀ,ㄵ,ㄶ)은 어말이거나 다른 자음 앞인 경우에 하나의 자음이 탈락하는 현상이다. 자음군단순화(子音群單純化)라고도 한다. 만일 모음이 온다면 받침의 두 자음 중 뒤의 것은 다음 음절로 넘어갈 수 있다.

겹받침 'ㄳ,ㅄ,ㄽ,ㄾ,ㄵ'은 뒤 자음이 탈락하고 첫 자음만 발음된다.

예) 넋→[넉], 값→[갑], 외곬→[외골], 핥다→[할따], 앉다→[안따]

겹받침 'ㄺ,ㄻ'은 첫 자음이 탈락하고 둘째소리만 발음된다. 'ㄿ'은 'ㄹ'이 탈락한 후 남은 'ㅍ'은 다시 음절말중화가 되어 'ㅂ' 소리가 된다.

예) 기슭→[기슥], 삶→[삼], 굶다→[굼따], 젊다→[점따], 읊다→[읍따]

겹받침 'ㅀ,ㄶ'은 첫소리는 그대로 발음되고 뒤의 /ㅎ/ 소리는 /ㄱ,ㄷ,

ㅈ/ 앞에서 이들과 융합하여 유기음화를 일으키고(→ /ㅋ,ㅌ,ㅊ/), /ㅅ,ㄴ/ 과 모음 앞에서는 탈락한다.

예) 닳지→[달치], 많고→[만코], 많다→[만타], 많소→[만쏘], 싫 소→[실쏘], 않네→[안네], 뚫네(→[뚤네])→[뚤레], 앓아→[아나], 앓아 눕다→[아라 눕따]

겹받침 'ㄼ'은 첫소리만 발음되는 것도 있고 뒷소리만 발음하는 예도 있으니 유의해야 한다. '널찍하다'와 '널따랗다'처럼 '넓다'에서 온 말이지만 표기에 소리를 그대로 반영하는 예도 있다.

예) 밟다→[밥따], 밟지→[밥찌], 넓죽하다→[넙쭈카다], 넓적하다 →[넙쩌카다]
예) 여덟→[여덜], 짧다→[짤따], 넓다→[널따]

또한 'ㄼ' 뒤에 'ㅎ'이 이어 나올 때에는 'ㄹ'과 'ㅂ'이 모두 발음되는데 앞의 것은 그대로 발음되고 뒤의 것은 'ㅎ'음과 만나 유기음화를 일으킨다.

예) 밟히다→[발피다], 넓히다→[널피다]

겹받침 'ㄺ'은 첫 자음이 탈락되고 둘째 자음만 발음되는 것이 보통인데 이 뒤에 /ㄱ/이 이어 나올 때에는 둘째 자음이 탈락되고 첫 자음 /ㄹ/만 발음된다.

예) 맑다→[막따], 읽다→[익따], 붉다→[북따]
예) 맑게→[말께], 묽고→[물꼬], 얽거나→[얼꺼나]

또한 'ㄺ' 뒤에 /ㅎ/이 이어 나오면 /ㄹ/과 /ㄱ/이 모두 발음된다. 뒤의 'ㄱ'은 'ㅎ'을 만나 유기음화를 일으킨다.

예) 긁히다[글키다], 읽히다[일키다]

(12) 두음법칙(머리소리법칙)

두음법칙은 어떤 소리가 단어의 첫머리에 발음되는 것을 꺼려 다른 음으로 발음되는 음운현상을 말한다. '이 모음' [i]과 '반모음 이' [j] 앞에서 'ㄹ, ㄴ'은 탈락되고, 모음 '아, 어, 오, 우, 으, 애, 에, 외' 앞에서 'ㄹ'은 'ㄴ'으로 바뀐다. 표기에도 발음되는 소리를 적용시킨다. 이미 두음법칙이 적용된 소리를 단어에 표기하므로, 표기와 달라지는 소리 값을 갖는 다른 음운 규칙들과는 다르다.

예) (ㄹ→∅) 리유(理由)→이유, 량심(良心)→양심, 례의(禮儀)→예의
(ㄴ→∅) 닉명(匿名)→익명, 뇨소(尿素)→요소, 년세(年歲)→연세, 녀자(女子)→여자
(ㄹ→ㄴ) 락원(樂園)→낙원, 래일(來日)→내일, 로동(勞動)→노동, 로인(老人)→노인

합성어의 둘째 형태소 첫 음절의 기저 자음 /ㄹ,ㄴ/도 두음법칙의 적용을 받는다.

예) 중노동(重勞動), 비논리적(非論理的), 역이용(逆利用), 연이율(年利率), 열역학(熱力學), 해외여행(海外旅行), 신여성(新女性), 공염불(空念佛), 남존여비(男尊女卑)

위 예들 중 '연이율[연니율]', '신여성[신녀성]', '공염불[공념불]', '남존여비[남존녀비]'는 표기에는 두음법칙을 따라 'ㄴ'을 탈락시켰으나 합성어가 되면서 'ㄴ첨가' 현상이 일어나 발음에는 'ㄴ'이 다시 살아난 것이다. '열역학[열려칵]'도 'ㄴ'첨가 현상이 일어나고(→열녁학) 첨가된 'ㄴ'이 앞의 'ㄹ'을 만나 다시 유음화가 된 것이다.
둘 이상의 낱말로 이루어진 고유명사도 두음법칙의 적용을 받으나, 고유명사의 준말은 두음법칙의 적용을 받지 않는다.

예) 부산이발소, 서울여관, 국제연합, 대한교육연합회
예) 국련(국제연합), 대한교련(대한교육연합회)

다음 의존명사들과 접미사 '-님'은 두음법칙의 적용을 받지 않는다.

예) 리(里), 리(理), 리(厘), 량(輛), 냥(兩), 냥쭝(兩重), 년(年)

/ㄹ/로 시작하는 외자 이름은 성과 함께 쓸 경우에도 두음법칙의 적용을 받는다. 그러나 옛날 사람의 이름으로 /ㄹ/ 발음이 관례적으로 굳어진 경우에는 두음법칙의 적용을 받지 않는다.

예) 이내(李來)[이내], 최노(崔老)[최노]
신립(申砬)[실립], 최린(崔麟)[최린], 채륜(蔡倫)[채륜]

이상과 같이 우리말에는 단어의 첫소리로 'ㄴ'이나 'ㄹ'음을 발음하지 않는 관습이 있다. 그리고 이 때문에 그 소리를 중시하여 표기에도 그렇게 반영하는 것이다.

(13) ㅎ 탈락

용언어간의 끝 자음의 /ㅎ/은 모음 앞에서 탈락한다.

예) 좋은→[조은], 낳은→[나은], 낳아→[나아], 낳았다→[나안따], 앓은→[아른], 앓아→[아라], 싫음→[시름], 않음→[아늠]

용언어간에서의 'ㅎ' 탈락은 필수적인 음운 현상이다. 이와는 달리 음절의 초성에 오는 'ㅎ'이 수의적으로 탈락하는 경우가 있다(어두는 제외).

예) 고함[고함/고암], 일흔[일흔/이른], 결혼[결혼/겨론], 이비인후과[이비인후꽈/이비이누꽈/이비누꽈], 말하다[말하다/마라다]

위 예들은 규범적으로는 'ㅎ'을 발음하는 것이 맞으나 실제 발음에서는 'ㅎ' 탈락이 빈번히 일어나고 있음을 보여준다.

(14) ㄷ 탈락

평폐쇄음 ㄷ이 마찰음의 경음 앞에서 탈락하는 음운현상이다. 곧, ㄷ이 ㅆ 앞에 오면 ㄷ 음 발음 후 바로 ㅆ 음을 발음하는 것이 어려울 수 있다. 왜냐하면 폐쇄를 빨리 하고 바로 마찰음으로 건너가야 하기 때문이다.

예) 젖소→[젇쏘]→[저쏘], 갔습니다→[갇씀니다]→[가씀니다]

그러나 '저쏘'와 '젇쏘'의 차이는 어느 정도로 강하게 발음하는가에 달려 있는 것으로, 수의적으로 선택될 수도 있다. '젇쏘'를 강하게 발음하기 위해 첫음절 다음에 휴지를 두면 된다. 현재 표준발음으로는 [젇쏘]를 인정하고 있다.

(15) ㄹ 탈락

용언어간말음 ㄹ이 초성 ㄴ, 종성 ㄴ,ㄹ,ㅁ,ㅂ, 선어말어미 '-으시', '-으오-', 종결어미 '-으오, -으마' 앞에서 탈락한다. 이것은 음운 현상과 관련이 있으나 이미 형태에서 소리를 반영하여 적는다.

예) 만들-는→만드는[만드는], 만들-ㄴ→만든[만든], 만들-ㄹ→만들[만들], 만들-ㅂ니다→만듭니다[만듬니다], 만들-ㅂ시다→마듭시다[마듭씨다], 만들-시고→만드시고[만드시고], 만들-오니→만드오니[만드오니], 만들-오→만드오[만드오], 만들마→만드마[만드마]

위 예들은 형태론에서 'ㄹ불규칙용언'에 해당한다. 발음만 그렇게 하는 것이 아니라 표기에 반영하기 때문이다.

(16) 연음규칙(연음법칙)

연음규칙(連音規則)은 앞 음절의 받침소리가 뒤 음절의 첫소리로 발음되는 음운현상을 말한다. 형태소의 끝 자음은 모음으로 시작하는 형식 형태소(어미, 조사, 접미사)가 이어 나올 때, 음절말중화의 적용을 받지 않고 앞의 받침이 다음 음절의 첫소리로 발음된다.

　　예) 빛이[비치], 무릎을[무르플], 걷었다[거딛따], 밭에서[바테서],
　　　　부엌에서[부어케서], 값이[갑씨], 흙이[흘기], 통닭을[통달글],
　　　　여덟이[여덜비]

형태소의 끝 자음 뒤에 모음으로 시작하는 자립형태소가 이어 나올 때, 음절말중화 규칙이나 겹받침단순화의 적용을 먼저 받고 나서 연음규칙의 적용을 받는다.

　　예) 겉옷[거돋], 값있는[가빈는], 옷 안에[오다네], 밭 아래[바다래],
　　　　늪 앞[느밥], 꽃 위에[꼬뒤에], 닭 앞에[다가페]

다음의 예는 위의 기준과는 다소 다르게 관습음이 형성된 경우이다.

　　예) 맛있다[마싣따/마딛따] (모두 표준발음)
　　　　멋있다[머싣따/머딛따] (모두 표준발음)
　　　　값어치[가버치] ('-어치'가 접미사임에도 불구하고 [갑써치]로
　　　　　발음되지 않음)

'맛있다, 멋있다'는 원칙적으로는 '맛+있다', '멋+있다'의 구성으로 자립형태소 둘이 결합한 것이다. 그러므로 앞 단어의 종성이 먼저 중화규칙 음운현상에 의해 '맏, 먿'이 된 후 연음규칙이 와야 한다. 그러나 대다수 사람들의 관습음이 '마싣따, 머싣따'이므로, 이를 반영하여 ≪표준발음

법≫에는 위와 같이 두 경우를 모두 표준발음으로 채택하였다. 이와는 다르게 '값어치'의 경우 '-어치'는 접미사이므로 앞의 음절 받침이 그대로 연음이 되어야 하는 경우인데, '값'에 중화규칙이 먼저 적용된 후 연음규칙이 적용되어 '가버치'가 되는데, 현재 이것을 표준발음으로 인정하고 있다.

종래에 절음법칙(絶音法則)이라고 한 것이 있었다. 이것은 받침 아래에 대립적 실사(實辭)가 모음으로 이어질 때, 받침이 그 모음 위에 연음되지 않고, 뚝 끊어져서 대표음으로 발음되는 현상을 일컬었다. 이 음운현상은 음절말중화가 먼저 적용된 후 연음규칙이 적용되는 경우에 해당한다.

예) 웃어른[우더른], 부엌 안 [부어간], 팥알[파달], 웃윗[우돋], 겉옷[거돋], 꽃 아래[꼬다래], 옷 위에 [오뒤에]

■ 자음모음과 관련된 규칙

(17) 음운도치(음운전위)

음운도치(音韻倒置)란 한 어휘 내에서 음운이나 음절의 위치가 서로 바뀌는 현상을 말한다. 이를 음운전위(音韻轉位)라고도 한다. 이는 수의적인 현상이며 표준발음이 아니다.

예) 계획[괴훽], 집적회로[직쩝푀로], 귀 기울이다[기 귀우리다]

통시적 음운도치도 있었다. 이 음운도치가 현대 표기에 반영되었다.

예) 빗복>빗곱>배꼽, 시혹>혹시, -더시->-시더-, -거시->-시거-

■ 모음과 관련된 규칙

(18) 전설모음화('이' 모음역행동화, 움라우트)

전설모음화(前舌母音化)는 전설모음이 아닌 모음이 'ㅣ' 모음의 영향을 받아 전설모음으로 바뀌는 현상을 말한다. 이것은 수의적인 음운현상이며 표준발음으로 인정하지 않는다. 여러 방언에서 나타난다.

① /ㅜ/의 /ㅟ/ 되기
   예) 죽이다→쥑이다

② /ㅗ/의 /ㅚ/ 되기
   예) 속이다→쇡이다, 쫓기다→쬧기다, 보이다→뵈이다, 소주→쇠주, 고기→괴기

③ /ㅡ/의 /ㅣ/ 되기
   예) 뜯기다→띤기다

④ /ㅓ/의 /ㅔ/ 되기
   예) 먹이다→멕이다, 어미→에미, 구더기→구데기

⑤ /ㅏ/의 /ㅐ/ 되기
   예) 아지랑이→아지랭이, 지팡이→지팽이, 곰팡이→곰팽이, 오라

비→오래비, 잡히다→잽히다, 막히다→맥히다

그런데 통시적인 전설모음화의 예가 있는데 이 경우에 전설모음화를 표기에 반영하였다.

예) 삿기>새끼, 서울나기>서울내기, 시골나기>시골내기, 신출나기>신출내기, 멋장이>멋쟁이, 담장이덩굴>담쟁이덩굴, 골목장이>골목쟁이

좁은 의미의 전설모음화는 'ㅅ,ㅈ,ㅊ' 뒤의 모음 'ㅡ'가 'ㅣ'로 바뀌는 즐승>짐승, 츰>침 같은 경우를 말한다.

전설모음화는 움라우트와 이모음역행동화라는 두 용어를 함께 사용하기도 한다. 움라우트(umlaut)는 원래 독일어에서 모음, a,o,u가 뒤에 오는 모음 i나 e의 영향으로 ä, ö, ü로 변하는 현상을 일컫는 용어였다. 이를 변모음(變母音)이라고도 하고, 이모음역행동화(이母音逆行同化)라고도 한다. 한국어에서는 'ㅏ,ㅓ,ㅗ,ㅜ' 등의 모음이 뒤에 오는 'ㅣ' 모음의 영향으로 'ㅐ,ㅔ,ㅚ,ㅟ' 등으로 동화되는 현상을 움라우트라고도 하고, 이모음역행동화라고도 한다(예: 애비, 냄비). 넓은 의미로는 후설모음이 전설모음쪽으로 변하는 것이므로 전설모음화 속에 속한다고 볼 수 있다.

(19) 모음조화

모음조화(母音調和, vowel harmony)는 용언어간에 모음어미가 연결될 때 어미의 첫 음이 어간의 모음에 따라 결정되는 음운현상을 말한다. 국어의 모음에서 /ㅏ,ㅗ/는 양성모음(陽性母音)이라 하고, 나머지 모음

들은 음성모음(陰性母音)이라 한다. 모음조화는 형태 표기에 반영되어 있다.

　　예) 막아, 돌아, 저어, 겪어, 비어

통시적으로는 용언어간과 어미 사이에서뿐 아니라, 낱말 내부에서도 모음조화가 일어났으나, 현대국어에서는 의성어, 의태어, 그리고 용언의 활용형에서만 제한적으로 일어난다.

　　예) 의성어, 의태어의 예 : 촐랑촐랑, 출렁출렁, 모락모락, 무럭무
　　　　럭, 알록달록, 얼룩덜룩

(20) 반모음화

반모음화(半母音化)는 모음 '이, 오, 우' 뒤에 '아, 어'가 연결되면 '이, 오, 우'가 j와 w로 반모음화하는 현상을 말한다. 반모음화는 활음화(滑音化) 현상이라 부르기도 한다. 이는 모음과 모음이 바로 이어져 모음충돌이 일어나는 것을 피하는 현상의 하나이다. 주로 용언 어간의 모음이 어미의 모음과 만날 때 이 현상이 일어나서, 어간말음 모음이 반모음으로 된다. 그러나 체언에서 이 현상이 일어나기도 한다(w반모음화의 경우).

　　① j반모음화 - 모음 '이' 뒤에 모음 '아, 어'가 연결되면 '이' 모음이 수의적으로 반모음 j가 된다.

　　예) 피-어→피어/펴[펴:] / 끼-었다→끼었다/꼈다[껻따] / 피-었다→

피었다/폈다[펻따] <수의적(隨意的)>
이기-어→이겨 / 그리-어→그려 / 꾸미-었다→꾸몄다 <필수적>

'피어'가 [피여]로 발음되는 것은 'j반모음화' 현상이 아니라 'j첨가' 현상이다(뒤의 24번). [펴:]는 j반모음화로 생겨난 발음이다. j반모음화와 동시에 장음화가 일어나는데, 이는 음절수가 준 데 대한 보상으로 일어나는 현상이다. 이러한 장음화를 보상적 장음화라 한다(뒤의 26번).

'이기-어'에서 '이겨'가 될 때는 어절의 첫음절이 아닌 곳은 단음으로 발음되는 현상 때문에 장음화가 일어나지 않는다. 어간이 두 개의 음절로 이루어져 있으면 j반모음화가 필수적으로 일어난다.

② w반모음화 - 모음 '오, 우' 뒤에 모음 '아, 어'가 연결되면 '오, 우'가 수의적으로 w로 반모음화한다.

예) 보-아→보아/봐[봐:] / 두-어→두어/둬[둬:] / 보-았다→보았다/봤다[봗따]
비꼬-아→비꼬아/비꽈 / 가두-어→가두어/가둬 / 가꾸-어→가꾸어/가꿔
또-아리→또아리/똬리[똬:리] / 고함→[고함/고암/괌:] / 무엇-이→무엇이/뭣이[뭐:시] / 두엄→[두엄/둼:] <이상 수의적>
오-아→와 / 오-았다→왔다 / 배우-어→배워 / 싸우-어→싸워 <필수적>

j반모음화와 마찬가지로 w반모음화가 일어나면 보상적 장음화가 일어

난다. 둘째 음절에서는 일어나지 않는다. 어간의 끝음절이 초성을 가지고 있지 않으면 w반모음화는 필수적으로 일어난다. '오-'는 '-아' 활용형이 반모음화를 필수적으로 겪되 장음화하지 않는 '와'로 나타나, w 반모음화에 따른 보상적 장음화의 예외가 된다.

어간 모음 /ㅚ/와 어미모음 /어/가 이어 나오면 /ㅚ/와 /어/는 수의적으로 융합하여 /ㅙ/로 발음된다. 이 현상은 엄밀히 말하면 반모음화가 아니라 모음축약이 된다.

'고함'이 '고암'으로 되는 현상은 'ㅎ탈락'인데, 이것은 수의적인 것이다. 수의적으로 'ㅎ' 탈락이 일어나면, 이후 다시 w반모음화가 일어날 수 있다.

(21) 원순모음화

원순모음화(圓脣母音化)는 양순음(ㅁ,ㅂ,ㅃ,ㅍ) 뒤에서 '으'가 '우'로 발음되는 현상을 말한다. 공시적으로 이는 표준발음이 아니다. 그러나 통시적으로 원순모음화를 겪어서, 대개 17세기 이후 '므, 브, 쁘, 프' 형태가 이루어지기 어렵게 되어 표기에 반영되었다.

> 공시적 예) 앞-으로→아푸로, 남-으면→나무면, 숲-으로→수푸로, 사람-을→사라물, 지금-은→지그문, 삶-은→살문, 좁-은→조분
> 통시적 예) 믈>물, 블>불, 플>풀, 므겁다>무겁다, 므엇>무엇, 므지개>무지개, 븕다>붉다, 프르다>푸르다, 꺼플>꺼풀
> 예외) 가쁘다, 기쁘다, 바쁘다, 예쁘다, 고프다, 아프다, 슬프다(발음 시 원순모음화가 일어남, 가뿌다, 기뿌다 등)

* 이 예외는 근대문헌 자료에 '갓부-, 밧부-, 잇부, 골푸-, 아푸-'로 적혔으며, 조선총독부 사전(1920년)에도 '갓부다, 깃부다, 밧부다, 어엿부다' 등으로 등재되어 있다.
* 외래어표기법에 의한 '브레이크, 브로치, 프로그램, 프로판' 등의 '으' 발음은 수의적으로 '우'로 난다.

(22) 동모음탈락

동모음탈락(同母音脫落)은 '아, 어' 어간 뒤에 모음어미가 연결되면 어미의 '아, 어'가 탈락하는 현상을 말한다.

예) 가-아→개[가:], 켜-어→켜[켜:], 싸-아→싸[싸:] 만나-아→만나[만나:]

동모음이 탈락되면서 두 음절이 한 음절로 되면서 그 음 길이는 그대로 유지된다.

(23) '으' 모음탈락

어간 모음 '으' 뒤에 모음어미가 연결되면 어간말음 '으'가 탈락된다.

예) 쓰-었다→썼다, 뜨-었다→떴다, 끄-어→꺼, 담그-아→담가, 따르-아→따라, 고프-아→고파, 푸-어→퍼

동모음탈락과는 달리 '으' 모음탈락에서는 보상적 장음화가 일어나지 않는다. '푸다'의 경우 모음어미 '어'가 연결되어 탈락되는 것은 엄밀히 말해 '우'모음이다. 그러나 '우' 모음이 되는 경우는 이 한 경우밖에 없으

므로, 따로 설정하지 않는다. 위의 예들은 형태론에서 '으' 불규칙용언으로 분류된다.

(24) 'j' 첨가

'이, 에, 애, 위, 외' 어간에 어미모음 '어'가 연결될 때 그 사이에 반모음 j가 수의적으로 첨가된다.

예) 피-어→ [피어/피여], 떼-어→[떼어/떼여], 개-어→[개어/개여]

위의 예에서 밑줄 친 부분이 반모음 'j'가 첨가된 것이다. 이것은 'j' 반모음화와 다른데, 'j' 첨가는 새로 첨가됨에 비해 'j' 반모음화는 축약 현상이다.

(25) 모음축약

연속되는 두 음절의 모음이 한 음절의 모음으로 줄어드는 현상이다.

예) 꾀-어→꾀어/꽤[꽤:] / 되-었다→되었다/됐다[됃:따]

통시적으로 국어의 '애, 에, 외, 위'의 단모음화(單母音化) 현상이 있었다. 이는 곧 모음축약에 해당한다. 중세국어 시기의 '애'는 [아이] 발음이었고 '에'는 [어이], '외'는 [오이] 발음이었다. 그러던 것이 축약되어 단모음이 된 것이다. 이 예들을 음성기호를 사용하며 제시하면 다음과 같다.

예) 가히 > 개[kai] > 개[kæ] / 버히다 > 베다[pǝi-] > 베다[pe] / 쇠
[soi] > 쇠[sÖ]

(26) 단모음화(單母音化)

표기상의 이중모음이 단모음으로 발음되는 현상이다.

예) 계수나무→[게수나무], 사례→[사레], 폐품→[페품], 혜택→
[헤택], 계집→[게집], 핑계→[핑게], 계시다→[게시다], 희망
→[히망], 무늬→[무니], 하늬바람→[하니바람], 띄어쓰기→
[띠어쓰기], 의의→[이이], 본의→[보니], 희다→[히다], 유희
→[유히]

《한글맞춤법》 제8항에는 "'계, 례, 메, 폐, 혜'의 'ㅖ'는 'ㅔ'로 소리나는 경우가 있더라도 'ㅖ'로 적는다."로 되어 있다. 그리고 제9항에는 "'의'나, 자음을 첫소리로 가지고 있는 음절의 'ㅢ'는 'ㅣ'로 소리가 나는 경우가 있더라도 'ㅢ'로 적는다."로 되어 있다. 이는 사람들의 관습음을 존중하면서도 그 표기는 원형을 지키려는 규정이라고 할 수 있다. 그런가하면 《표준어규정》 제10항에서 다음 단어는 모음이 단순화한 형태를 표준어로 삼는다.

예) 괴팍하다 / 미루나무 / 으레 / 케케묵다 / 허우대 / 허우적허우
적

이것은 사람들의 발음을 따라 표기를 적는 방식을 택한 경우가 된다.

■ 운율과 관련된 규칙

(27) 단모음화(短母音化)

'단모음화'라는 음운 현상에 '單母音化'가 아닌 '短母音化'가 있다. 이것은 국어의 장모음이 특정 환경에서 짧은 소리가 되는 현상이다. 그러나 분절음의 변화가 아니라, 운율 요소와 관련되는 것이다. 모음으로 시작하는 어미나 명사화 접미사, 혹은 피동 사동 접미사가 이어 나올 때 단모음화가 일어난다.

예) 얼:+어→얼어 / 얼:+음→얼음 / 얼:+리+다→얼리다

'얼다'의 앞 음절은 장음이지만, '얼어, 얼음, 얼리다'가 되면 단모음화가 된다.

(28) 보상적 장모음화(補償的 長母音化)

반모음화나 모음축약에 의해 음절이 줄어들 때, 남아 있는 모음이 긴 모음이 되는 현상이다.

예) 보아→봐[봐:] / 두어→둬[둬:] / 보았다→봤대[봗:따] / 꾀어→꽤[꽤:] / 되었다→됐다[됃:따] / 비꼬아→비꽈[비꽈:] / 가두어→가둬[가둬:] / 가꾸어→가꿔[가꿔:]

■ 변이음과 관련된 규칙

(29) 불파음화

음절말에 오는 자음이 불파음이 되는 현상이다.

예) 둑[tukˀ] / 합[hapˀ]

(30) 유성음화

공명음과 모음 사이에서 폐쇄음 [p][t][k]와 파찰음 [c]가 각각 [b][d] [g][ʤ/z]로 바뀌는 현상이다.

예) 이브[ibɨ] / 삼다도[samdado] / 관광[kwangwaŋ] / 과자[kwaʤa]
   / 우주[uzu]

(31) 설측음화

한국어의 ㄹ은 초성에 올 때 [r]로, 받침에 올 때 [l]로 소리 난다. 그런데 ㄹ 초성 앞에 ㄹ 받침이 있으면 그 영향을 받아 [l]로 설측음화된다.

예) 오른발로(→orinbal-ro) → [orinbal-lo]

(32) 구개음화

앞에서 음운과정에 해당하는 구개음화를 보았다. 그런데 구개음화에는 변이음 상에서 일어나는 이음과정의 구개음화도 있다. ㄴ[n]과 ㅅ[s], ㅆ[sʼ], ㄹ[l]은 이 모음[i]이나 반모음 이[j] 앞에서 각각 경구개음 [ɲ], [ɕ], [ɕ'], [ʃ]로 바뀌는 구개음이 된다. 이것이 바로 이음과정의 구개음화이다.

예) N-구개음화: 훌륭→[훌늉/huljnuŋ], 갔니→[간니/kanɲi]
S-구개음화: 시간→[ɕigan], 고무신→[komuɕin]
l-구개음화: 연료[yəlrjo]→[yəʎo]

(33) 탄설음화

우리말의 ㄹ[r]은 모음과 모음 사이에서 탄설음 [ɾ]로 실현된다.

예) 우리[uɾi] / 사람[saɾam] / 사례[sa:ɾje] / 우레[uɾe]

■ 더 알아볼 거리
위에서 살펴본 음운 현상들이 일어나는 근본적인 원인은 무엇일까요?

분절음이 음절 구조에서 제약을 받거나 음절과 음절이 만났을 때 생겨나는 제약 때문에 음운 변화가 일어난다. 몇 가지 경우를 살펴보면 다음과 같다.

(1) 분절음이 음절성분을 구성하는 데에는 제약이 있다.

① 초성제약(初聲制約) - 초성을 구성할 수 있는 분절음은 ㅇ을 제외한 18자이다.

 * 어두초성 ㄹ도 제약이 있으나, 외래어의 영향으로 크게 약화되었다(라면, 러시아, 로보트, 리본).

② 중성제약(中聲制約) - 중성을 구성하는 것은 단모음과 이중모음 전부이다. 이중모음은 반모음과 단모음의 연결인데, 여기에는 제약이 있다. 반모음 [j]는 고모음 [이], [으]와 연결될 수 없고, 반모음 [w]는 원순모음 [위], [외]나 고모음 [으]와 연결될 수 없다.

③ 종성을 구성할 수 있는 자음은 ㄱ,ㄴ,ㄷ,ㄹ,ㅁ,ㅂ,ㅇ의 7자음이다. 우리말의 문자 표기에는 많은 자음이 다 쓰일 수 있으나, 받침에 나오는 소리는 이 일곱 가지 밖에 없다. 이 밖의 소리들은 음성적으로 딱 닫히는 소리가 아니므로 음절의 종성이 될 수 없다.

이 절에서 살핀 음운규칙 중 음절말중화(평폐쇄음화)(앞→압)와 겹받침단순화(자음군단순화)(앉고→안꼬)는 종성제약 때문에 생기는 음운현상이다.

(2) 음절성분들이 연결될 때도 분절음끼리의 연결에 제약이 있다. 초성과 중성이 연결될 때 일어나는 제약이다: 초중성연결제약

① 양순음 초성과 단순모음 '으'는 연결되기 어렵다. 즉 '브, 쁘, 프, 므'로 시작하는 음절은 없다. [으] 소리는 입술을 펴야 하는 소리인데, 양순음 소리는 입술을 닿게 해야 하는 소리이기 때문에 아주 어려운 발음이 되기 때문이다.

② 파찰음 초성과 j계 이중모음은 연결되기 어렵다. 즉 '쟈, 져, 죠, 쥬, 쟤, 졔, 쨔, 쪄, 쬬, 쮸, 째, 쩨, 챠, 쳐, 쵸, 츄, 채, 쳬'로 시작하는 음절은 없다.

③ 어두음절의 초성이 ㄴ인 경우에 '이'나 j계 이중모음이 중성으로 오기 어렵다. 즉 '냐, 녀, 뇨, 뉴, 녜, 내, 니'로 시작하는 음절은 어두에 오기 어렵다. (예외: /냐:옹, 뉴:쓰, 니은, 니켈/)

이 절에서 살핀 음운규칙 중 원순모음화(앞으로→[아푸로])는 음절성 분연결제약 때문에 생기는 음운현상이다.

(3) 음절들이 연결되는 데에도 제약이 있다. 이를 음절연결제약, 또는 음소배열제약이라고 한다. 올바른 음절구조를 가진 음절이라도 음절과 음절이 연결될 때, 앞 음절의 종성과 뒤 음절의 초성 사이에는 어울리지 못하는 제약이 있다.

앞음절 종성 \ 뒤음절 초성	평음	경음	유기음 (ㅎ 제외)	ㅎ	ㅁ	ㄴ	유음
장애음	×	○	○	×	×	×	×
비음	○	○	○	○	○	○	×
유음	○	○	○	○	○	×	○

① 앞 음절 종성이 장애음(ㅂ,ㄷ,ㄱ)이면 뒤 음절 초성으로는 경음과 유기음(ㅎ 제외)만 가능하므로 다음과 같은 소리 바뀜이 일어난다. 즉 평음을 경음으로 바꾸고 ㅎ음을 유기음으로 바꾸는 것이다.

[경음화] 밥상→[밥쌍], 옷가게(→옫가게)→[옫까게], 국밥→[국빱]
[유기음화] 입학→[이팍], 돋히다→[도치다], 박히다→[바킫따]

② 앞 음절 종성이 장애음(ㅂ,ㄷ,ㄱ)일 때 뒤 음절 초성으로 ㅁ과 ㄴ이 올 수 없으므로 다음과 같은 소리 바뀜이 일어난다. 즉 앞 음절 종성의 소리를 바꾸는 것이다.

[비음화] 밥물→[밤물], 뱃머리(→뻗머리)→[밴머리],
국물→[궁물]

③ 앞 음절 종성이 비음(ㄴ, ㅁ, ㅇ)이면 뒤 음절 종성으로 유음(ㄹ)이 올 수 없다. 따라서 다음과 같은 음성의 바뀜이 일어난다. 즉 앞 음절 종성의 비음을 유음으로 바꾸거나 뒤 음절 초성의 유음을 비음으로 바꾸는 것이다.

[유음화] 진리→[질리], 곤란→[골란]
[비음화] 음운론→[으문논], 금리→[금니], 궁리→[궁니]

④ 앞 음절 종성이 ㄹ이면 뒤 음절 초성으로 ㄴ이 올 수 없다. 따라서 다음과 같은 음성의 바뀜이 일어난다. 즉 뒤 음절 초성을 ㄹ로 바꾸는 것이다.

[유음화] 별님→[별림], 설날→[설랄]

2.5. 한국어 표준발음법과 음운론

■ **표준발음법**

한국어의 표준발음법은 표준어의 공식적인 발음을 규범으로 제정해 놓은 것이다. 먼저 표준발음법 전문을 소개하고, 이 내용들이 음운론 기초 이론으로서 살펴본 음운 규칙들과 어떻게 연관되는지 설명하기로 한다.

제1장 총칙
제1항 표준발음법은 표준어의 실제 발음을 따르되, 국어의 전통성과 합리성을 고려하여 정함을 원칙으로 한다.

제2장 자음과 모음
제2항 표준어의 자음은 다음 19개로 한다.
    ㄱ ㄲ ㄴ ㄷ ㄸ ㄹ ㅁ ㅂ ㅃ ㅅ ㅆ ㅇ ㅈ ㅉ ㅊ ㅋ ㅌ ㅍ ㅎ
제3항 표준어의 모음은 다음 21개로 한다.
    ㅏ ㅐ ㅑ ㅒ ㅓ ㅔ ㅕ ㅖ ㅗ ㅘ ㅙ ㅚ ㅛ ㅜ ㅝ ㅞ ㅟ ㅠ ㅡ ㅢ ㅣ
제4항 'ㅏ ㅐ ㅓ ㅔ ㅗ ㅚ ㅜ ㅟ ㅡ ㅣ'는 단모음(單母音)으로 발음한다.
  [붙임] 'ㅚ, ㅟ'는 이중 모음으로 발음할 수 있다.

제5항 'ㅑ ㅒ ㅕ ㅖ ㅘ ㅙ ㅛ ㅝ ㅞ ㅠ ㅢ'는 이중 모음으로 발음한다.
  다만 1. 용언의 활용형에 나타나는 '져, 쪄, 쳐'는 [저, 쩌, 처]로 발음한다.
    가지어→가져[가저] 찌어어→쪄[쩌] 다치어→다쳐[다처]
  다만 2. '예, 례' 이외의 'ㅖ'는 [ㅔ]로도 발음한다.
    계집[계:집/게:집]   계시다[계:시다/게:시다]
    시계[시계/시게](時計) 연계[연계/연게](連繫)
    메별[메별/메별](袂別) 개폐[개폐/개페](開閉)
    혜택[혜:택/헤:택](惠澤) 지혜[지혜/지헤](知慧)
  다만 3. 자음을 첫소리로 가지고 있는 음절의 'ㅢ'는 [ㅣ]로 발음한다.
    늴리리   닁큼   무늬   띄어쓰기
    씌어   틔어   희어   희떱다

　　　　　희망　　　　유희
　　다만 4. 단어의 첫 음절 이외의 '의'는 [ㅣ]로, 조사 '의'는 [ㅔ]로 발음함도 허용한다.
　　　　주의[주의/주이]　　　　　　협의[혀븨/혀비]
　　　　우리의[우리의/우리에]　　　강의의[강:의의/강:이에]

제3장 음의 길이
제6항 모음의 장단을 구별하여 발음하되, 단어의 첫 음절에서만 긴소리가 나타나는 것을 원칙으로 한다.
　　(1)　　눈보라[눈:보라]　　말씨[말:씨]　　밤나무[밤:나무]
　　　　　많다[만:타]　　　　멀리[멀:리]　　벌리다[벌:리다]
　　(2)　　첫눈[천눈]　　　　참말[참말]　　쌍동밤[쌍동밤]
　　　　　수많이[수:마니]　　눈멀다[눈멀다]　떠벌리다[떠벌리다]
다만, 합성어의 경우에는 둘째 음절 이하에서도 분명한 긴소리를 인정한다.
　　　　반신반의[반:신 바:늬/반:신 바:니]　　재삼재사[재:삼 재:사]
[붙임] 용언의 단음절 어간에 어미 '-아/-어'가 결합되어 한 음절로 축약되는 경우에도 긴소리로 발음한다.
　　　　보아→봐[봐:]　　기어→겨[겨:]　　　　되어→돼[돼:]
　　　　두어→둬[둬:]　　하여→해[해:]
다만, '오아→와, 지어→져, 찌어→쪄, 치어→쳐' 등은 긴소리로 발음하지 않는다.

제7항 긴소리를 가진 음절이라도, 다음과 같은 경우에는 짧게 발음한다.
　1. 단음절인 용언 어간에 모음으로 시작된 어미가 결합된 경우
　　　　감다[감:따]―감으미[가므미]　　　밟다[밥:따]―밟으면[발브면]
　　　　신다[신:따]―신어[시너]　　　　알다[알:다]―알아[아라]
　　다만, 다음과 같은 경우에는 예외적이다.
　　　　끌다[끌:다]―끌어[끄:러]　　　떫다[떨:따]―떫은[떨:븐]
　　　　벌다[벌:다]―벌어[버:러]　　　썰다[썰:다]―썰어[써:러]
　　　　없다[업:따]―없으니[업:쓰니]
　2. 용언 어간에 피동, 사동의 접미사가 결합되는 경우
　　　　감다[감:따]―감기다[감기다]　　꼬다[꼬:다]―꼬이다[꼬이다]
　　　　밟다[밥:따]―밟히다[발피다]
　　다만, 다음과 같은 경우에는 예외적이다.
　　　　끌리다[끌:리다]　　벌리다[벌:리다]　　없애다[업:쌔다]
[붙임] 다음과 같은 복합어에서는 본디의 길이에 관계 없이 짧게 발음한다.
　　　　밀-물　　썰-물　　쏜-살-같이　　작은-아버지

제4장 받침의 발음

제8항 받침 소리로는 'ㄱ,ㄴ,ㄷ,ㄹ,ㅁ,ㅂ,ㅇ'의 7개 자음만 발음한다.

제9항 받침 'ㄲ,ㅋ', 'ㅅ,ㅆ,ㅈ,ㅊ,ㅌ', 'ㅍ'은 어말 또는 자음 앞에서 각각 대표음 [ㄱ,ㄷ,ㅂ]으로 발음한다.

닦다[닥따]	키읔[키윽]	키읔과[키윽꽈]	옷[옫]
웃다[욷따]	있다[읻따]	젖[젇]	빚다[빋:따]
꽃[꼳]	쫓다[쫃따]	솥[솓]	뱉다[밷:따]
앞[압]	덮다[덥따]		

제10항 겹받침 'ㄳ', 'ㄵ', 'ㄼ,ㄽ,ㄾ', 'ㅄ'은 어말 또는 자음 앞에서 각각 [ㄱ,ㄴ,ㄹ,ㅂ]으로 발음한다.

넋[넉]	넋과[넉꽈]	앉다[안따]	여덟[여덜]
넓다[널따]	외곬[외골]	핥다[할따]	값[갑]
없다[업:따]			

다만, '밟-'은 자음 앞에서 [밥]으로 발음하고, '넓-'은 다음과 같은 경우에 [넙]으로 발음한다.

(1) 밟다[밥:따]   밟소[밥:쏘]   밟지[밥:찌]
　　밟는[밥:는→밤:는] 밟게[밥:께] 밟고[밥:꼬]
(2) 넓-죽하다[넙쭈카다]   넓-둥글다[넙뚱글다]

제11항 겹받침 'ㄺ,ㄻ,ㄿ'은 어말 또는 자음 앞에서 각각 [ㄱ,ㅁ,ㅂ]으로 발음한다.

닭[닥]	흙과[흑꽈]	맑다[막따]	늙지[늑찌]
삶[삼:]	젊다[점:따]	읊고[읍꼬]	읊다[읍따]

다만, 용언의 어간 말음 'ㄺ'은 'ㄱ' 앞에서 [ㄹ]로 발음한다.
　　맑게[말께]   묽고[물꼬]   얽거나[얼꺼나]

제12항 받침 'ㅎ'의 발음은 다음과 같다.

1. 'ㅎ(ㄶ,ㅀ)' 뒤에 'ㄱ,ㄷ,ㅈ'이 결합되는 경우에는, 뒤 음절 첫소리와 합쳐서 [ㅋ,ㅌ,ㅊ]으로 발음한다.
　　놓고[노코]   좋던[조턴]   쌓지[싸치]   많고[만:코]
　　않던[안턴]   닳지[달치]

[붙임 1] 받침 'ㄱ(ㄺ), ㄷ, ㅂ(ㄼ), ㅈ(ㄵ)'이 뒤 음절 첫소리 'ㅎ'과 결합되는 경우에도, 역시 두 음을 합쳐서 [ㅋ,ㅌ,ㅍ,ㅊ]으로 발음한다.
　　각하[가카]   먹히다[머키다]   밝히다[발키다]   맏형[마텽]
　　좁히다[조피다] 넓히다[널피다]   꽂히다[꼬치다]   앉히다[안치다]

[붙임 2] 규정에 따라 'ㄷ'으로 발음되는 'ㅅ,ㅈ,ㅊ,ㅌ'의 경우에는 이에 준한다.
　　옷 한 벌[오탄벌]   낮 한때[나탄때]   꽃 한 송이[꼬탄송이]

숱하다[수타다]
2. 'ㅎ(ㄶ,ㅀ)' 뒤에 'ㅅ'이 결합되는 경우에는, 'ㅅ'을 [ㅆ]으로 발음한다.
닿소[다쏘]   많소[만:쏘]   싫소[실쏘]
3. 'ㅎ' 뒤에 'ㄴ'이 결합되는 경우에는, [ㄴ]으로 발음한다.
놓는[논는]   쌓네[싼네]
[붙임] 'ㄶ,ㅀ' 뒤에 'ㄴ'이 결합되는 경우에는, 'ㅎ'을 발음하지 않는다.
않네[안네]   않는[안는]
뚫네[뚤네→뚤레]   뚫는[뚤는→뚤른]
* '뚫네[뚤네→뚤레], 뚫는[뚤는→뚤른]'에 대해서는 제20항 참조.
4. 'ㅎ(ㄶ,ㅀ)' 뒤에 모음으로 시작된 어미나 접미사가 결합되는 경우에는, 'ㅎ'을 발음하지 않는다.
낳은[나은]   놓아[노아]   쌓이다[싸이다]   많아[마:나]
않은[아는]   닳아[다라]   싫어도[시러도]

제13항 홑받침이나 쌍받침이 모음으로 시작된 조사나 어미, 접미사와 결합되는 경우에는, 제 음가대로 뒤 음절 첫소리로 옮겨 발음한다.
깎아[까까]   옷이[오시]   있어[이써]   낮이[나지]
꽂아[꼬자]   꽃을[꼬츨]   쫓아[쪼차]   밭에[바테]
앞으로[아프로]   덮이다[더피다]

제14항 겹받침이 모음으로 시작된 조사나 어미, 접미사와 결합되는 경우에는, 뒤엣 것만을 뒤 음절 첫소리로 옮겨 발음한다(이 경우, 'ㅅ'은 된소리로 발음함).
넋이[넉씨]   앉아[안자]   닭을[달글]   젊어[절머]
곬이[골씨]   핥아[할타]   읊어[을퍼]   값을[갑쓸]
없어[업:써]

제15항 받침 뒤에 모음 'ㅏ, ㅓ, ㅗ, ㅜ, ㅟ'들로 시작되는 실질 형태소가 연결되는 경우에는, 대표음으로 바꾸어서 뒤 음절 첫소리로 옮겨 발음한다.
밭 아래[바다래]   늪 앞[느밥]   젖어미[저더미]   맛없다[마덥다]
겉옷[거돋]   헛웃음[허두슴]   꽃 위[꼬뒤]
다만, '맛있다, 멋있다'는 [마싣따], [머싣따]로도 발음할 수 있다.
[붙임] 겹받침의 경우에는 그 중 하나만을 옮겨 발음한다.
넋 없다[너겁따]   닭 앞에[다가페]
값어치[가버치]   값있는[가빈는]

제16항 한글 자모의 이름은 그 받침 소리로 연음하되, 'ㄷ,ㅈ,ㅊ,ㅋ,ㅌ,ㅍ,ㅎ'의 경우에는 특별히 다음과 같이 발음한다.
디귿이[디그시]   디귿을[디그슬]   디귿에[디그세]

지읓이[지으시] 지읓을[지으슬] 지읓에[지으세]
치읓이[치으시] 치읓을[치으슬] 치읓에[치으세]
키읔이[키으기] 티읕을[티으슬] 티읕에[티으세]
피읖이[피으비] 피읖을[피으블] 피읖에[피으베]
히읗이[히으시] 히읗을[히으슬] 히읗에[히으세]

제5장 음의 동화
제17항 받침 'ㄷ, ㅌ(ㄾ)'이 조사나 접미사의 모음 'ㅣ'와 결합되는 경우에는, [ㅈ, ㅊ]으로 바꾸어서 뒤 음절 첫소리로 옮겨 발음한다.
  곧이듣다[고지듣따] 굳이[구지] 미닫이[미다지]
  땀받이[땀바지] 밭이[바치] 벼훑이[벼훌치]
  [붙임] 'ㄷ' 뒤에 접미사 '히'가 결합되어 '티'를 이루는 것은 [치]로 발음한다.
  굳히다[구치다] 닫히다[다치다] 묻히다[무치다]

제18항 받침 'ㄱ(ㄲ, ㅋ, ㄳ, ㄺ), ㄷ(ㅅ, ㅆ, ㅈ, ㅊ, ㅌ, ㅎ), ㅂ(ㅍ, ㄼ, ㄿ, ㅄ)'은 'ㄴ, ㅁ' 앞에서 [ㅇ, ㄴ, ㅁ]으로 발음한다.
  먹는[멍는] 국물[궁물] 깎는[깡는] 키읔만[키응만]
  몫몫이[몽목씨] 긁는[긍는] 흙만[흥만] 닫는[단는]
  짓는[진:는] 옷맵시[온맵씨] 있는[인는] 맞는[만는]
  젖멍울[전멍울] 쫓는[쫀는] 꽃망울[꼰망울] 붙는[분는]
  놓는[논는] 잡는[잠는] 밥물[밤물] 앞마당[암마당]
  밟는[밤:는] 읊는[음는] 없는[엄:는]
  [붙임] 두 단어를 이어서 한 마디로 발음하는 경우에도 이와 같다.
  책 넣는다[챙넌는다] 흙 말리다[흥말리다] 옷 맞추다[온마추다]
  밥 먹는다[밤멍는다] 값 매기다[감매기다]

제19항 받침 'ㅁ, ㅇ' 뒤에 연결되는 'ㄹ'은 [ㄴ]으로 발음한다.
  담력[담:녁] 침략[침냑] 강릉[강능] 항로[항노]
  대통령[대:통녕]
  [붙임] 받침 'ㄱ, ㅂ' 뒤에 연결되는 'ㄹ'도 [ㄴ]으로 발음한다.
  막론[막논→망논] 백리[백니→뱅니] 협력[협녁→혐녁]
  십리[십니→심니]

제20항 'ㄴ'은 'ㄹ'의 앞이나 뒤에서 [ㄹ]로 발음한다.
  (1) 난로[날:로] 신라[실라] 천리[철리] 광한루[광:할루]
      대관령[대:괄령]
  (2) 칼날[칼랄] 물난리[물랄리] 줄넘기[줄럼끼]
      할는지[할른지]
  [붙임] 첫소리 'ㄴ'이 'ㅀ', 'ㄾ' 뒤에 연결되는 경우에는 이에 준한다.
  닳는[달른] 뚫는[뚤른] 핥네[할레]

다만, 다음과 같은 단어들은 'ㄹ'을 [ㄴ]으로 발음한다.

　　의견란[의ː견난]　　임진란[임ː진난]　　생산량[생산냥]
　　결단력[결딴녁]　　공권력[공꿘녁]　　동원령[동ː원녕]
　　상견례[상견네]　　횡단로[횡단노]　　이원론[이ː원논]
　　입원료[이붠뇨]　　구근류[구근뉴]

제21항 위에서 지적한 이외의 자음 동화는 인정하지 않는다.

　　감기[감ː기](×[강ː기])　　옷감[옫깜](×[옥깜])
　　있고[읻꼬](×[익꼬])　　꽃길[꼳낄](×[꼭낄])
　　젖먹이[전머기](×[점머기])　　문법[문뻡](×[뭄뻡])
　　꽃밭[꼳빧](×[꼽빧])

제22항 다음과 같은 용언의 어미는 [어]로 발음함을 원칙으로 하되, [여]로 발음함도 허용한다.

　　피어[피어/피여]　　되어[되어/되여]

[붙임] '이오, 아니오'도 이에 준하여 [이요, 아니요]로 발음함을 허용한다.

제6장 경음화

제23항 받침 'ㄱ(ㄲ,ㅋ,ㄳ,ㄺ), ㄷ(ㅅ,ㅆ,ㅈ,ㅊ,ㅌ), ㅂ(ㅍ,ㄼ,ㄿ,ㅄ)' 뒤에 연결되는 'ㄱ,ㄷ,ㅂ,ㅅ,ㅈ'은 된소리로 발음한다.

　　국밥[국빱]　　깎다[깍따]　　넋받이[넉빠지]　　삯돈[삭똔]
　　닭장[닥짱]　　칡범[칙뻠]　　뻗대다[뻗때다]　　옷고름[옫꼬름]
　　있던[읻떤]　　꽂고[꼳꼬]　　꽃다발[꼳따발]　　낯설다[낟썰다]
　　밭갈이[받까리]　　솥전[솓쩐]　　곱돌[곱똘]　　덮개[덥깨]
　　옆집[엽찝]　　넓죽하다[넙쭈카다]　　읊조리다[읍쪼리다]
　　값지다[갑찌다]

제24항 어간 받침 'ㄴ(ㄵ), ㅁ(ㄻ)' 뒤에 결합되는 어미의 첫소리 'ㄱ,ㄷ,ㅅ,ㅈ'은 된소리로 발음한다.

　　신고[신ː꼬]　　껴안다[껴안따]　　앉고[안꼬]　　얹다[언따]
　　삼고[삼ː꼬]　　더듬지[더듬찌]　　닮고[담ː꼬]　　젊지[점ː찌]

다만, 피동, 사동의 접미사 '-기-'는 된소리로 발음하지 않는다.

　　안기다 감기다 굶기다 옮기다

제25항 어간 받침 'ㄼ,ㄾ' 뒤에 결합되는 어미의 첫소리 'ㄱ,ㄷ,ㅅ,ㅈ'은 된소리로 발음한다.

　　넓게[널께]　　핥다[할따]　　훑소[훌쏘]　　떫지[떨ː찌]

제26항 한자어에서, 'ㄹ' 받침 뒤에 연결되는 어미의 첫소리 'ㄱ,ㄷ,ㅅ,ㅈ'은 된소리로 발음한다.

　　갈등[갈뜽]　　발동[발똥]　　절도[절또]　　말살[말쌀]
　　불소[불쏘](弗素)　　일시[일씨]　　갈증[갈쯩]　　물질[물찔]

발전[발쩐]   몰상식[몰쌍식]   불세출[불쎄출]
다만, 같은 한자가 겹쳐진 단어의 경우에는 된소리로 발음하지 않는다.
허허실실[허허실실](虛虛實實)   절절-하다[절절하다](切切-)
제27항 관형사형 '-(으)ㄹ' 뒤에 연결되는 'ㄱ,ㄷ,ㅂ,ㅅ,ㅈ'은 된소리로 발음한다.
할 것을[할꺼슬]   갈 데가[갈떼가]   할 바를[할빠를]
할 수는[할쑤는]   할 적에[할쩌게]   갈 곳[갈꼳]
할 도리[할또리]   만날 사람[만날싸람]
다만, 끊어서 말할 적에는 예사소리로 발음한다.
[붙임] '-(으)ㄹ'로 시작되는 어미의 경우에도 이에 준한다.
할걸[할껄]   할밖에[할빠께]   할세라[할쎄라]
할수록[할쑤록] 할지라도[할찌라도]   할지언정[할찌언정]
할진대[할찐대]
제28항 표기상으로는 사이시옷이 없더라도, 관형격 기능을 지니는 사이시옷이 있어야 할(휴지가 성립되는) 합성어의 경우에는, 뒤 단어의 첫소리 'ㄱ,ㄷ,ㅂ,ㅅ,ㅈ'을 된소리로 발음한다.
문-고리[문꼬리]   눈-동자[눈똥자]   신-바람[신빠람]
산-새[산쌔]   손-재주[손째주]   길-가[길까]
물-동이[물똥이]   발-바닥[발빠닥]   굴-속[굴쏙]
아침-밥[아침빱]   잠-자리[잠짜리]   강-가[강까]
초승-달[초승딸]   등-불[등뿔]   창-살[창쌀]
강-줄기[강쭐기]

제7장 음의 첨가
제29항 합성어 및 파생어에서, 앞 단어나 접두사의 끝이 자음이고 뒤 단어나 접미사의 첫 음절이 '이, 야, 여, 요, 유'인 경우에는, 'ㄴ' 음을 첨가하여 [니, 냐, 녀, 뇨, 뉴]로 발음한다.
솜-이불[솜니불]   홑-이불[혼니불]   막-일[망닐]
삯-일[상닐]   맨-입[맨닙]   꽃-잎[꼰닙]
내복-약[내ː봉냑]   한-여름[한녀름]   남존-여비[남존녀비]
신-여성[신녀성]   색-연필[생년필]   직행-열차[지캥녈차]
늑막-염[능망념]   콩-엿[콩녇]   담-요[담뇨]
눈-요기[눈뇨기]   영업-용[영엄뇽]   식용-유[시굥뉴]
국민-윤리[궁민뉼리]   밤-윷[밤뉻]
다만, 다음과 같은 말들은 'ㄴ' 음을 첨가하여 발음하되, 표기대로 발음할 수 있다.
이죽-이죽[이중니죽/이주기죽] 야금-야금[야금냐금/야그먀금]
검열[검ː녈/거ː멸]   욜랑-욜랑[욜랑놀랑/욜랑욜랑]

금융[금늉/그뮹]
[붙임 1] 'ㄹ' 받침 뒤에 첨가되는 'ㄴ' 음은 [ㄹ]로 발음한다.
들-일[들:릴]   솔-잎[솔립]   설-익다[설릭따]
물-약[물략]   불-여위[불려위]   서울-역[서울력]
물-엿[물렫]   휘발-유[휘발류]   유들유들[유들류들]
[붙임 2] 두 단어를 이어서 한 마디로 발음하는 경우에도 이에 준한다.
한 일[한닐]   옷 입다[온닙따]   서른 여섯[서른녀섣]
3연대[삼년대]   먹은 엿[머근녇]
할 일[할릴]   잘 입다[잘립따]   스물 여섯[스물려섣]
1연대[일련대]   먹을 엿[머글렫]
다만, 다음과 같은 단어에서는 'ㄴ(ㄹ)' 음을 첨가하여 발음하지 않는다.
6·25[유기오]   3·1절[사밀쩔]   송별-연[송:벼련]
등용-문[등용문]
제30항 사이시옷이 붙은 단어는 다음과 같이 발음한다.
1. 'ㄱ,ㄷ,ㅂ,ㅅ,ㅈ'으로 시작하는 단어 앞에 사이시옷이 올 때에는 이들 자음만을 된소리로 발음하는 것을 원칙으로 하되, 사이시옷을 [ㄷ]으로 발음하는 것도 허용한다.
   냇가[내:까/낻:까]   샛길[새:낄/샏:낄]   빨랫돌[빨래똘/빨랟똘]
   콧등[코뜽/콛뜽]   깃발[기빨/긷빨]   대팻밥[대:패빱/대:팯빱]
   햇살[해쌀/핻쌀]   뱃속[배쏙/밷쏙]   뱃전[배쩐/밷쩐]
   고갯짓[고개짇/고갣찓]
2. 사이시옷 뒤에 'ㄴ,ㅁ'이 결합되는 경우에는 [ㄴ]으로 발음한다.
   콧날[콛날→콘날]   아랫니[아랟니→아랜니]
   툇마루[퇻마루→퇸마루]   뱃머리[밷머리→밴머리]
3. 사이시옷 뒤에 '이' 음이 결합되는 경우에는 [ㄴ]으로 발음한다.
   베갯잇[베갣닏→베갠닏]   깻잎[깯닙→깬닙]
   나뭇잎[나묻닙→나문닙]   도리깻열[도리깯녈→도리깬녈]
   뒷윷[뒫뉻→뒨뉻]

■ 표준발음법과 음운론

앞의 2.4절에서 살핀 음운규칙과 표준발음법의 관계에 대해 고찰하기 위해, 먼저 위의 ≪표준발음법≫과 음운규칙의 직접적인 연관성에 대해 정리해 보기로 한다.

(1) 표준발음법 제5항의 다만 1, 2, 3, 4 규정은 모음의 단모음화(單母音化) 현상에 해당한다.

예) 가져[가저], 계시다[계시다/게시다], 무늬[무니], 협의[혀븨/혀비]

(2) 표준발음법 제6항의 (2)의 규정은 모음의 단모음화(短母音化) 현상에 해당한다.

예) 첫눈[천눈], 참말[참말]

(3) 표준발음법 제6항의 [붙임]의 규정은 보상적 장모음화 현상에 해당한다.

예) 봐[봐:], 해[해:]

(4) 표준발음법 제8항과 제9항은 음절말중화 규칙에 해당한다.

예) 옷[온], 솥[손], 앞[압]

(5) 표준발음법 제10항과 제11항은 겹받침단순화 규칙에 해당한다.

예) 넋[넉], 값[갑], 닭[닥], 삶[삼]

(6) 표준발음법 제12항의 1 규정은 격음화 규칙에 해당한다.

예) 놓고[노코], 좋던[조턴], 쌓지[싸치]

(7) 표준발음법 제12항의 3 규정은 음절말중화 현상과 비음화 현상에 해당한다.

예) 놓는[논는], 쌓네[싼네]

(8) 표준발음법 제12항의 4 규정은 ㅎ탈락 현상에 해당한다.

예) 놓아[노아], 닳아[다라]

(9) 표준발음법 제13항, 제14항의 규정은 연음규칙(連音規則)에 해당한다.

예) 옷이[오시], 있어[이써], 앉애[안자]

(10) 표준발음법 제15항의 규정은 음절말중화, 연음규칙에 해당하는 것으로, 곧 절음법칙에 해당한다.

  예) 겉옷[거돋], 맛없다[마덥따]

(11) 표준발음법 제17항의 규정은 구개음화 현상에 해당한다.

  예) 굳이[구지], 미닫이[미다지]

(12) 표준발음법 제18항과 제19항의 규정은 비음화 현상에 해당한다.

  예) 국물[궁물], 꽃망울[꼰망울], 밟는[밤는], 대통령[대통녕]

(13) 표준발음법 제20항의 규정은 유음화 현상에 해당한다.

  예) 난로[날로], 대관령[대괄령]

(14) 표준발음법 제21항의 규정은 조음위치동화 현상에 해당하는 것으로, 이 현상을 적용하여 발음하는 것은 표준발음이 아님을 지적한 것이다.

  예) 감기[강기], 꽃길[꼭낄]

(15) 표준발음법 제22항의 규정은 반모음 이 [j] 첨가 현상에 해당한다.

  예) 피어[피어/피여], 되어[되어/되여]

(16) 표준발음법 제23항부터 28항까지는 경음화 현상에 해당한다. 경음화 현상의 네 경우를 구분하여 규정해 놓은 것이다.

  예) 국밥[국빱], 얹다[언따], 넓게[널께], 갈등[갈뜽], 갈곳[갈꼳], 눈동자[눈똥자]

(17) 표준발음법 제29항의 규정은 'ㄴ'첨가 현상에 해당한다.

  예) 솜이불[솜니불], 한여름[한녀름]

(18) 표준발음법 제29항의 [붙임1] 규정은 'ㄴ'첨가와 유음화 현상에 해당한다.

예) 들일[들릴], 서울역[서울력]

(19) 표준발음법 제30항의 규정은 사이시옷이 들은 단어의 발음을 언급한 것으로, 1의 규정은 경음화 현상을 적용하는 경우이며, 2의 규정은 비음화 현상을 적용하는 경우이고, 3의 규정은 'ㄴ'첨가와 비음화 현상을 적용하는 경우이다.

예) 냇가[내까/낻까], 콧날[콘날], 나뭇잎[나문닙]

이상의 항목들은 ≪표준발음법≫의 규정 중 음운규칙과 직접 관련되는 것들이다. 그런데 표준발음법이 음운규칙에는 들어 있지 않는 것이 있다. 표준발음법 제16항의 규정은 음운규칙으로는 설명이 안 되는 특별한 경우를 규정한 것이다. 자음의 이름을 읽는 방식이 음운론 현상으로는 규정되지 않으나 관습을 존중하기로 한 것이다.

그러면, 앞에서 제시된 많은 음운규칙들은 ≪표준발음법≫에 왜 수용되지 않은 것인가? 이 점을 보기 위해 음운규칙 별로 생각하기로 한다.

(1) 폐쇄음첨가 현상(예: 재빨리→잽빨리)은 수의적인 것이며, 비표준발음이다. 그러므로 표준발음법에는 지적하지 않고 있다. 반면 조음위치동화(예: 팥빙수→팝삥수)는 비표준발음이면서도 표준발음법에 그렇게 하는 것이 비표준임을 제시하고 있다. 이는 조음위치동화를 더 많이 잘못 쓰기 때문이라고 생각된다.

(2) 마찬가지로 폐쇄음탈락 현상(예: 고집뿐→고지뿐 / 받떠라→바떠라)도 표준발음법에서는 언급하지 않고 있다. 그런데 폐쇄음 탈락 중 'ㄷ탈락'(예: 얻습니다→어씀니다)는 필수적으로 일어나는 것이

지만 표준발음법에서는 제시하지 않고 있다.

(3) 두음법칙은 표준발음법의 문제가 아니라 한글맞춤법의 문제가 된다. 두음의 소리를 이미 표기에 반영했기 때문이다.

(4) 모음의 음운현상인 음운도치는 비표준발음이 되므로, 표준발음법에서는 언급하지 않았다.

(5) 모음의 음운현상인 전설모음화는 비표준발음이 되므로, 표준발음법에서는 언급하지 않았다. 그러나 표준발음법 21항에서 조음위치 동화는 표준발음이 아니라고 지적한 것과 마찬가지로 전설모음화를 언급하는 것도 좋았을 것이다.

(6) 모음조화는 이미 표기에 반영되는 것으로 표준발음법으로는 언급할 필요가 없다. 이것은 ≪한글맞춤법≫ 제16항에 모음조화의 표기법으로서 제시되어 있다.

(7) 원순모음화는 비표준발음이므로 표준발음법에서는 언급하지 않았다.

(8) 음운규칙 중 동모음탈락은 표기에 이미 반영해야 하는 것으로, ≪한글맞춤법≫ 34항에 제시되어 있다.

(9) '으' 모음탈락은 ≪한글맞춤법≫의 제18항의 4, '어간의 끝 ㅜ, ㅡ가 줄어질 적' 항에 언급되어 있다. '으'불규칙용언을 제시한 것이다.

(10) 음운규칙의 이음과정은 표준발음법에는 제시될 필요가 없다. 표준발음법은 음소 수준에서 정한 것이기 때문이다.

≪표준발음법≫과 음운규칙에서는 'ㄹ' 불규칙용언과 'ㅡ' 불규칙용

언에 대한 것을 언급하고 있다. 그러나 한국어에는 이밖에도 다음과 같은 불규칙용언이 있다. 이것은 물론 음운규칙으로 제시할 성질은 아니지만, 형태와 형태가 만나서 소리를 이룬다는 점에서 참고해 보기로 한다.

- 불규칙용언의 음운론
(1) 'ㅂ' 불규칙용언 : 깁다, 굽다, 가깝다, 괴롭다, 맵다, 무겁다, 밉다, 쉽다, 돕다, 곱다(예외: 좁다 * 'ㅂ' 받침 용언은 규칙적으로 활용하는 말보다 불규칙적으로 활용하는 말이 대부분이다)
(2) 'ㄹ' 불규칙용언 : 울다, 알다 등(「통일학교문법」에서는 어간의 끝소리 'ㄹ'이 일정한 어미 앞(ㄴ, ㅂ으로 시작되는 어미, -ㄹ, -오, -오-, -시 어미 앞)에서 예외 없이 탈락되므로 불규칙활용으로 규정하지 않고 있음. 예: 우니, 웁니다, 울, 우오, 우옵니다, 우시면)
(3) '러' 불규칙용언 : 이르다, 푸르다, 누르다(동사 '이르다'와 형용사 '푸르다, 누르다, 노르다' 뿐임)
(4) '르' 불규칙용언 : 가르다, 부르다, 거르다, 오르다, 구르다, 이르다, 벼르다, 자르다, 지르다
(5) 'ㅅ' 불규칙용언 : 긋다, 낫다, 잇다, 짓다
(6) 'ㅎ' 불규칙용언 : 그렇다, 까맣다, 동그랗다, 퍼렇다, 하얗다
(7) '우' 불규칙용언 : 푸다
(8) '으' 불규칙용언 : 크다, 쓰다, 모으다, 담그다
(9) '여' 불규칙용언 : 하다

2.6. 한국어의 운율 요소

말소리에 사용되는 모음과 자음을 분절음(分節音)이라고 하는 반면, 이러한 분절음에 얹혀서 말소리의 운율적(韻律的) 특징을 이루는 길이, 높이, 세기 등의 요소를 초분절(超分節) 요소라고 한다. 앞에서 살핀 분절음의 정확한 구사와 함께 정확한 운율 요소를 구사함으로써 비로소 바른 음성언어 구사가 이루어지게 된다.

언어권마다 어떤 운율 요소가 의미의 분화에도 관련되는가 하는 점이 다르다. 중국어는 한 음절이 갖는 성조(聲調)에 따라 뜻이 달라지는 성조언어이다. 영어는 강세(强勢, accent)가 어디 놓이는가에 따라 뜻이 달라지는 언어이다. 한국어는 음절의 길이에 따라 뜻이 달라진다. 그리고 문장의 억양에서, 문장에서 끝을 높이는가 안 높이는가에 따라 물음과 서술을 분간하는 기능을 갖는다. 각 언어에서 운율 요소가 말의 뜻의 분화에 관련될 때 그것을 운소(韻素, prosodeme)라고 일컫는다. 앞에서 본 분절음들 중 뜻의 분화에 관련되는 개념을 음소(音素, phoneme)라고 한 것과 마찬가지로, 변별적인 기능을 갖는다는 뜻을 지닌다.

■ 소리의 길이

몇 음절로 이루어진 단어의 어떤 음절에 대해 길게 발음하는가 짧게 발음하는가 하는 것이 바로 소리의 길이(Length)이다. 우리말은 소리의 길이에 따라 뜻이 분화되는 단어들이 있다. 긴 소리를 나타내기 위해 [:] 표시를 하기로 한다.

긴 모음	짧은 모음
감ː사 (-인사)	감사 (-관)
과ː장 (-하다)	과장 (-님)
눈ː (-사람)	눈 (-물)
말ː (언어)	말 (동물)
발ː (-을 치다)	발 (-바닥)
밤ː (-송이)	밤 (-낮)
벌ː (-집)	벌 (-받다)
병ː (-원)	병 (-마개)
부ː자 (돈 많은 -)	부자 (-지간)
서ː리 (국무총리 -)	서리 (찬 -)
선ː수 (운동 -)	선수 (-치다)
시ː장 (남대문-, 서울-)	시장 (-하다)
일ː (-을 하다)	일 (- 번)
장ː수 (- 노인)	장수 (생선 -)
적ː다 (돈이 -)	적다 (글을 -)

위의 예들은 긴 모음과 짧은 모음의 대립에 의해 의미가 달라지는 것들이다. 따라서 이 때의 소리의 길이는 운소(韻素)로서 기능을 한다고 말할 수 있다.

의미를 차별되게 분화시키는 것은 아니지만 긴 모음을 고유의 음가로 가지는 단어들이 있다.

예) 감ː기, 계ː절, 고ː장, 낭ː비, 도ː덕, 사ː지, 성ː경책,
쇠ː고기, 수ː박, 아ː무나, 애ː쓰다, 애ː국가, 연ː습,
전ː화, 제ː사, 주ː소, 총ː장, 침ː대, 해ː방, 헌ː법

이런 예들은 긴 모음을 제대로 소리 내야 자연스러운 한국어 발음이

되므로 한국어를 기술하는 데에 중요한 운율 요소라고 하겠다.

■ 소리의 높이

  소리의 높이(Pitch)는 앞뒤 음절과 비교한 상대적 개념으로서의 높낮이를 말한다. 상승(↑), 하강(↓), 수평(→) 셋 정도로 구별한다. 문장의 끝을 높이는가 안 높이는가에 따라 물으려는 뜻인가, 아닌가 하는 것이 구별된다. 문장의 높이를 특별히 억양(抑揚, intonation)이라고 한다.

    예) 철수 학교 갔어(→) - 서술
        철수 학교 갔어(↑) - 의문

  단어의 각 음절에 소리의 높이가 구사될 때 그것을 성조(聲調)라고 한다. 성조를 어떻게 구사하는가에 따라 뜻이 달라지는 언어는 중국어이다. 중국어를 성조 언어(tone language)라고도 한다. 가령, 현대 베이징어는 같은 소리 '마'라도 성조가 어떤가에 따라 네 가지 뜻을 지닌다. 1성 [mā]는 '母'의 뜻, 2성 [má]는 '麻'의 뜻, 3성 [mǎ]는 '馬'의 뜻, 4성 [mà]는 '罵(욕할 매)'의 뜻을 지닌다.
  한국어의 경우에, 소리의 높이는 방언의 특징을 기술하는 데에 필수적인 요소이다. 여러 방언 중에서도 경상도 방언과 함경도 방언은 말의 높낮이에 굴곡이 심하다. 단어에 붙는 높낮이를 특히 성조라고 하는데, 성조에는 H(high tone), L(low tone), M(mid tone), R(rising tone), F(falling tone), 그리고 복합성조인 LH, HL 같은 것이 있다. 이러한 성조를 이용하여 우리말 방언의 특징을 잘 기술할 수 있다.

예) 경남 방언
　　가라라(替, 耕) HLL(전등을 갈아라, 밭을 갈아라)
　　가라라(摩) LHL(칼을 갈아라)
　광주 방언
　　말씀 HM, 사람 HM, 처절 HM
　　나무 MH, 보리밥 MHM, 나무에서 MHMM
　　참새 HH, 참새다 HHM, 코끼리까지 HHMMM
　　학교 HH, 학교에 HHM, 사랑한다 HHMM
　경북 방언
　　마리만타(馬) HLRH, 마리만타(斗) HHRH,
　　마리만타(言) RHRH
　　가지(茄) LH, 가지가 LHL, 가지도 LHL, 가지까지 LLHL
　　가지(枝) HH, 가지가 HHL, 가지도 HHL, 가지까지 HHLL

창원 방언	삼척 방언	대구 방언	북청 방언
나무에도	나무에도	나무에도	나무에도
HHMM	HHMM	HHMM	MMHH

■ 소리의 세기

　소리의 세기(Stress)란 말의 어떤 부분에 특별히 힘을 들여 소리를 크게 하는 것을 말한다. 세게 발음되는 부분, 곧 강세가 놓이는 부분을 위에 아포스프로피 ' '로 표시한다. 소리의 세기가 단어 중에 어디 놓이느냐에 따라 뜻이 달라지는 언어는 영어이다. 가령, 영어의 'increase'는 '증가'라는 뜻의 명사로 쓰일 때는 [ínkriːs], '증가하다'라는 뜻의 동사로 쓰일 때는 [inkríːs]가 된다. 'decrease'도 역시 '감소'라는 뜻의 명사로 쓰일 때는 [díːkris], '감소하다'는 뜻의 동사로 쓰일 때는 [dikríːs]가 된다. 같은 분절음이라도 강세가 앞에 놓이는가, 뒤에 놓이는가에 따라 품사적인 뜻이 달라지는 것이다. 또, 'white house'의 경우, 'white'에 강세가 놓이면, '백악관'을, 'house'에 강세가 놓이면, '하얀 집'을 뜻하는 분화가 일어나기도 한다.

한국어에서 소리의 세기가 달라짐으로 해서 단어의 뜻이 달라지지는 않는다. 그러나 한국어에는 고유한 세기가 구사되고 있다.

예) 강약약: 쇠고기, 사람들, 교육, 전화, 감사합니다, 죄송합니다
　　 약강약: 화장실, 자전거, 기차역, 전합니다

또한 한국어 문장에서 소리의 세기는 특별히 그 부분을 강조하고자 할 때 구사된다.

예) 영이가 5일 날 왔어.
　① 영이가 5일 날 왔어.
　② 영이가 5일 날 왔어.
　③ 영이가 5일 날 왔어.

동일한 문장이라도 어디에 강세를 놓는가에 따라 그 문장에서 표현하고자 하는 뜻이 정해진다. ①은 누군가가 5일 날 왔는데 그 사람이 바로 '영이'라는 것을 뜻한다. ②는 영이가 왔는데, 온 날이 '5일'임을 뜻한다. ③은 영이가 왔는지 안 왔는지 여부를 말하는 상황이라 '왔어'에 강세를 둔다.

2장 음운론 기초 이론　91

3장 발음 교육론 기초 이론

3.1. 언어 교수법에 따른 발음 교육의 위치

이 절에서는 언어 교수법의 역사와 특징을 살펴보면서 동시에 각 교수법에서 발음 교육이 어떤 비중과 가치로서 인식되었는지를 살펴보기로 한다.

'언어 교수'는 다음과 같은 개념을 지닌다.

- "언어의 학문적 이론과 사용 기술을 가르친다."는 기본적인 뜻을 지님.
- 언어에 대한 개념적 지식(언어 규칙 등)뿐만 아니라 언어 사용에 대한 절차적 지식(실제 활용 지식)을 포함하며, 인지 과학, 사회학, 인류학 등과 다양하게 관련됨.

'언어교수법'은 다음과 같은 개념을 지닌다.

- "언어의 학문적 이론과 사용 기술을 가르치기 위한 체계적인 지식과 기술"이라는 기본적인 뜻을 지님.

- 언어를 어떻게 보는가, 사람들은 언어를 어떻게 습득하는가, 언어 교수와 학습의 목적은 무엇인가에 대한 관점에 따라 언어 교수에 접근하는 방법이 달라지며, 이에 따라 언어교수법이라는 학문이 필요함.

언어 교육이 시작된 이래로 여러 목적과 방식의 언어 교수법이 사용되었다. 각각의 언어 교수법의 역사와 특징, 그리고 실제적 적용 상황 및 발음 교육 관련 사항을 정리해 보기로 한다.

■ **문법번역식교수법**(Grammar-Translation Method)

- 역사
- 언어교수의 시작은 서양의 고전어인 그리스어와 라틴어 교육이었음.
- 이 때 사용한 방법이 문법번역식교수법으로, 이 방식은 언어교수법 역사상 가장 오랫동안 많은 영향을 끼쳐 옴.
- 문법번역식 교수법은 목표어와 학습자의 모국어 간 번역을 통해 목표어를 학습하게 하는 방법임.
- 19세기까지 문법번역식 교수법은 그 자체만으로도 정신 훈련으로서의 효용성을 가지는 것으로 교육자들 간에 합의가 되어 있었음(언어 교수의 목적이 실제 의사소통에 있지 않았음).

- 특징
- 외국어 공부의 목표를 그 문학 작품을 읽거나 외국어 공부의 결과로 생기는 지적 발달과 정신 훈련에 둠.
- 읽고 쓰는 것이 주된 초점으로 문자 언어를 중심으로 진행되며, 학

습 어휘의 선정은 사용되는 독서 교재에 근거를 둠.
- 문장이 언어 학습과 가르침의 기본 단위이며, 문법은 단어를 조합하는 규칙으로서 중요함.
- 학생들의 모국어가 교수 매체가 되어 모국어로 수업을 진행하며 외국어를 학습하는 것임.
- 유창성보다는 정확성을 강조함. 유창성(流暢性)이란 말을 하거나 글을 읽는 것이 물 흐르듯이 자연스럽고 거침없는 성질을 뜻함. 유창성이 부족하다는 것은 특히 말을 할 때 부자연스럽거나 머뭇거리거나 더듬더듬 말을 하여 부자연스러운 것을 가리킴. 정확성(正確性)이란 바르고 확실한 성질을 뜻함. 정확성이 부족하다는 것은 특히 글을 쓸 때에 철자나 어법이 틀린 것을 가리킴. 문법번역식교수법에서는 주로 텍스트 중심의 독해와 번역을 주된 학습 과제로 삼았으므로 유창성과는 별로 관련이 없었고 정확성에 치중하였음.

• 실제
- 학습순서: 먼저 문법 규칙을 배우고 그 다음으로 문법 항목에 관한 연습 문제를 하고, 이어서 번역 연습을 함.
- 다분히 직선적이고 연역적인 방식을 사용함. 예를 들어, 조사 {-에서}를 문법번역식교수법으로 영어화자에게 가르친다면, 한국어의 {-에서}를 영어로 번역할 때 나타나는 문장들을 함께 제시하면서 영어와 한국어의 관련성을 가지고 한국어 이해를 하도록 하는 것.
- 수업 절차: [도입: 학생들에게 준비된 텍스트를 읽힘] → [설명: 여러 가지 의미를 지닌 {-에서}의 용법을 번역을 통해 알려 줌] → [수행: 학생들에게 {-에서}를 사용한 예문을 만들어 보게 함] → [강화: 학생들이 만든 것 중 적절한 예를 선정하여 숙지하고, 수정함으로써 강화함]

- 발음 교육과의 관계
- 전통적인 문법번역식 교수법은 학습 대상 언어의 문법을 이해하고 독해를 하는 데에 교육 목적이 있었기 때문에 구두언어(口頭言語), 즉 마주 대하여 입으로 말하는 '말'보다는 문자언어, 즉 글이 중요하게 다루어짐.
- 이 교수법에서는 문법이나 어휘 교육에 비해 발음이 차지하는 비중이 훨씬 작았음.

■ 직접교수법(Direct Method)

- 역사
- 학습자의 외국어 학습 목적이 더 이상 지적 훈련에 있지 않고 실제적 의사소통에 있는 것으로 인식되면서 문법번역식교수법이 비판을 받게 되고, 독해 위주의 문법번역식 교수법에 대한 반발로, 말하기 중심의 교수법이 등장하게 됨.
- 이에 따라 직접교수법(Direct Method)이 19세기 후반에 생김. 19세기 중엽 이후, 유럽인들 사이에 의사소통의 기회가 점차 증대되면서 비의사소통적 문법번역식 교수법으로는 직접적인 구두 의사소통 능력 배양이 힘듦을 자각하면서 새로운 교수법이 모색된 것임.
- 음성학의 발달로 국어와 문어의 차이에 대한 새로운 인식이 생기면서 언어교수법에 대한 반성이 일어남.
- 제1차 세계대전 후에 외국어 교육계에서 많은 주목을 받으며, 국제적인 의사소통의 수단으로써 외국어 교육이라는 목표가 뚜렷해지면서 성인 교육에서 확고한 지위를 차지함.
- 이미 모국어 습득 시기를 놓친 성인 학습자를 모국어 습득 시기에 있는 유아의 모국어 학습 과정과 동일하게 본 점이 문제점으로 지적

됨.
- 이러한 단점에도 불구하고 문제점을 시정하기 위한 수정 이론들이 제시되는 등 꾸준히 발전되어 옴.

• 특징
- 어린이의 언어습득 과정을 모방하여 만든 것으로, 학습자의 모국어는 철저히 배제한 상태에서 직접 목표어만을 이용하여 가르치고 학습자들을 직접 외국어와 접촉하게 함으로써 외국어를 습득하게 함.
- 학습 초기 단계에서는 문자의 도입 없이 정확한 발음을 강조하면서 듣고 말하는 훈련(실물, 사진, 직접 시연 등을 통해 학습자 모국어 개입 없이 직접 외국어에 접촉시킴)에만 치중하고 읽기, 쓰기는 듣기, 말하기가 어느 정도 숙달된 다음에 제시함.

• 실제
- 학습자의 모국어를 배제한 상태에서 실물, 사진, 직접 시연 등의 수단을 통해 학습자들이 이해할 수 있도록 함.
- 수업 단계: [듣기 단계: 목표어로 주요 어휘와 문법을 올바른 발음으로 제시] → [말하기 단계: 교사가 제시한 어휘와 문법을 잘 듣고 나서 학습자가 그대로 따라 하거나 교사의 질문에 목표어로 대답. 교사는 학습자의 오류를 지적하고 수정하게 함. 발음이 조금 틀리더라도 발화 내용을 이해하면 그대로 허용하면서 시간을 두고 지도] → [읽기 단계: 듣기와 말하기가 어느 정도 능숙해진 후 시간이 주어지면 학습자로 하여금 목표 어휘 및 문법과 그것이 담긴 대화문을 제시하고 교사가 먼저 읽고 학습자가 따라 하도록 함. 학습자는 문자를 읽고 이해, 교사는 질문을 통해 학습자의 이해 정도를 확인] → [쓰기 단계: 말하기 단계보다 비중을 적게 할애함. 학생들이 읽은

어휘, 문형, 대화문의 문자를 그대로 베껴 쓰기를 하는 데서부터 시작, 이후 읽은 내용에 대해 짧은 문장을 쓰거나 주제나 상황에 맞는 글을 쓰게 함.]

- 발음 교육과의 관계
- 구두 언어(마주 대하여 입으로 하는 말) 능력의 중요성을 강조하고 원어민과 같은 정확한 발음 습득을 중요하게 다루었음.
- 이 교수법에서는 모델이 되는 모국어 발음을 학습자들이 듣고 따라 하면 자연스럽게 학습대상 언어의 발음을 습득하게 된다고 봄.
- 이 교수법은 이후의 발음지도 방법에 많은 영향을 주어 현재까지도 외국어 학습 현장에서 원어민 화자의 발음이나 녹음되어 있는 테이프를 듣고 따라하는 방식이 널리 쓰이고 있음.

■ 청각구두식교수법(Audio-Lingual Method)

- 역사
- 19세기 말부터 20세기 초까지 교육 개혁을 이루려는 사람들에 의해 주장된 직접 교수법은 높은 비용과 원어민 교사의 필요성에 의해 일반 공립학교에까지 보급되지 못하고 문법번역식교수법의 단점에도 불구하고 문법번역식교수법이 더 널리 보급되고 영향을 끼침.
- 이러한 상황 속에서 청각구두식 교수법은 1940년대 이후 외국어 교육계에 새로운 전환점을 가져오게 한 교육이론(청화식(聽話式) 교수법이라고도 함)이 됨.
- 1930년대 미국에서 기틀을 잡게 된 구조언어학과 행동주의 심리학의 영향을 받음.
- 제2차 세계대전 중에 현실적 필요에 의해 고안된 군대 교수법에서

축적된 성과를 바탕으로 국가의 지원을 받아 발달하게 됨.

- 특징
- 언어를 무의식적으로 형성되는 습관의 총체로 보고, 언어 학습을 반복적이고 기계적인 훈련을 통해 습관을 형성시키는 과정으로 봄.
- 어려운 문법 설명을 배제하기 때문에 초급 단계의 수업에 적절하며 듣기 능력 향상에 유익하며 단 시일 내에 회화 기능을 익힐 수 있는 장점이 있음.
- 그러나 내용을 이해하지 않은 상태에서 모방, 문형 연습이 이루어질 수 있으므로 실제 대화 상황에서 언어능력으로 발전되지 않을 수 있음.

- 실제
- 듣기를 먼저 익히고 그 다음에 말하기, 읽기, 쓰기의 순서로 학습을 하며 제시된 자극에 대하여 올바른 반응을 보이도록 조건 지어진 학습 환경 속에서 학습이 진행되도록 함.
- 새 학습 자료를 대화식으로 제시하고 모방, 일정한 구문 암기, 반복을 통한 습관 형성, 반복적인 문형 연습을 하게 함.
- 수업 단계: [청취와 이해] → [발음의 모방] → [발음 및 문형의 반복 연습] → [문장 일부를 변화시키는 연습] → [질문에 대해 적절히 답을 하는 연습]
- 문형 연습은 다음과 같은 유형을 다양하게 씀.

[반복] 교사를 그대로 따라 함.
　예: 오늘 날씨가 참 좋아요. - 오늘 날씨가 참 좋아요.
[어형변화] 동사 활용 등 변화된 문장을 사용하게 함.
　예: 오늘 학교에 갑니까? - 오늘 학교에 갑니다.
[대치] 발화 속 한 단어를 대치함.
　예: 저는 안서동에 삽니다. - 저는 불당동에 삽니다.
　　　저는 토요일에 동대문에 갑니다.-저는 일요일에 동대문에 갑니다.
[환언] 교사의 지시에 따라 내용을 바꾸어 말함.
　예: 아유미 씨, 어느 나라에서 오셨습니까?
　　　- 저는 일본에서 왔습니다.
　　　아유미 씨, 라헬 씨에게 '어느 나라에서 오셨습니까?'로 질문하세요.
　　　- 라헬 씨, 어느 나라에서 오셨습니까?
[완성] 한 단어 빠진 문장을 교사로부터 듣고 학생이 채워서 말함.
　예: 몽량 씨는 시장에서 옷을 _____.
　　- 몽량 씨는 시장에서 옷을 팝니다.
[전위] 교사가 한 말을 사용하여 어순을 바꾸어 말함.
　예: 경찰이 도둑을 잡았어요. (잡히다)
　　　- 도둑이 경찰에게 잡혔어요.
[확대] 교사가 제시한 단어를 넣어 문장을 다시 말함.
　예: 오늘은 바람이 불어요. (많이)
　　　- 오늘은 바람이 많이 불어요.
[단축] 교사가 제시한 구나 절을 단어로 축약.
　예: 학생회관 앞에 매점이 있어요.
　　　- 저기에 매점이 있어요.
[변형] 지시에 따라 부정, 시제, 서법, 태 등의 문장 변형.
　예: 주말에는 학교에 가요. (안)
　　　- 주말에는 학교에 안 가요.
[통합] 두 개의 분리된 발화를 한 문장으로 발화.
　예: 요즘은 귤이 맛있어요. 그래서 시장에 귤을 사러 가요.
　　　- 요즘은 귤이 맛있어서 시장에 귤을 사러 가요.
[응답] 물음에 답함.
　예: 어제 어디 갔어요? - 도서관에 갔어요.
[재구성] 기본 발화에 대해 주어진 단어를 재구성하여 문장을 만듦.
　예: 손님, 뭘 드릴까요? (냉면 한 그릇, 만두 한 접시)
　　　- 냉면 한 그릇하고 만두 한 접시 주세요.

- 발음 교육과의 관계
  - 구조주의 언어학과 행동주의 심리학에 기초를 두고 있는 방법으로 언어 학습을 모방과 반복에 의한 습관 형식으로 보았음.
  - 이 교수법에서 발음은 언어 교육의 매우 중요한 요소로 간주되어 학습 단계의 초기부터 강조되었으며, 각각의 낱말을 명시적으로 정확하게 발음하도록 가르침.
  - 직접교수법에서와 마찬가지로 교사는 낱말의 모델 발음을 제시하고, 학습자들은 제시된 발음을 듣고 따라함. 이 때 발음기호나 조음 위치, 조음방법 등에 관한 음성학적 정보를 사용. 또한 대조분석이론의 영향으로 최소대립쌍(minimal pair)을 통한 연습 방법도 사용.
  - 이 방법 또한 아직까지도 외국어 학습 현장에서 널리 사용됨.

■ 의사소통식교수법(Communicative Language Teaching)

- 역사
  - 가장 최근에 개발되어 널리 사용되고 있는 의사소통 중심 접근법(Communicative Apporach)은 언어의 구조보다는 기능에 관심을 두고 정확성보다는 유창성을 강조하는 교수법으로 언어교육의 목적을 의사소통 능력의 신장으로 봄.
  - 영국의 기능주의 언어학과 미국의 사회주의 언어학의 영향을 받아 전개된 교수법임.
  - 1970년대 이후 세계적 관심의 초점이 된 의사소통식교수법은 하임스(Hymes)의 '의사소통 능력'(Communicative Competence) 개념을 이론적 토대로 하여 윌킨스(D.A. Wilkins) 등에 의해 개척됨.
  - 하임스, 라보프(Labov) 등에 의해 발전한 미국의 사회언어학에서는 인간의 언어능력은 촘스키의 언어능력으로 파악되어서는 안 되고

언제, 어디서, 누구와, 무엇에 관해, 무엇 때문에 의사소통 행위를 하느냐에 따라 적절한 표현을 쓸 수 있는 실제적인 언어 능력으로 파악되어야 함을 주장함.
- 언어교육의 방향은 무엇보다도 의사소통 기능과 담화상의 적절성을 계발하는 데에 두어야 된다고 강조함.
- 의사소통식교수법은 구조적, 상황적, 기능적인 모든 고려가 교수법에 필요함을 인식시켰고 교수법뿐만 아니라 교수요목 개발에도 공헌함(이론적 교과서보다는 신문, 라디오, 광고, 기상예보, 레스토랑의 메뉴판 등 실제적인 언어 모습을 보여주는 것들을 적극 활용).
- 지나치게 언어의 유창성만을 강조한 나머지 언어의 형식적인 측면, 즉 문법적 형태를 도외시한다는 비판을 받기도 함.

• 특징
- 학습자들이 실제 언어 사회에서 부딪칠 수 있는 언어 상황을 스스로 해결해 나가는 과정을 통해 언어 능력을 기름.
- 교사는 지식을 주입시키거나 하는 주도적 역할을 하지 않고 문제 해결 과정에 함께 참여하는 동참자로서의 임무를 수행함. 학습자의 경험은 교사가 가지고 있는 것과 사뭇 다를 수 있으므로 교사는 자신의 생각으로 유도할 것이 아니라 학습자의 생각을 중심으로 하여 의사소통 활동을 이끌어 가도록 함.
- 수업에서의 의사소통 연습은 실제 의사소통 활동과 연계되어 진행되며, 이를 위해 가급적 실제적인 자료들(신문, 잡지, 다양한 서식, 영상매체 등)을 도입함.
- 새로운 표현을 학습하면서 항상 잘못된 발음이나 표현을 하게 되는데 지속적으로 같은 잘못이 반복될 때 이를 오류라고 함. 과거의 교수법에서는 문법적으로 완벽한 문장 생성을 하도록 유도하였으나

의사소통식 교수법에서는 오류를 인정하며 오류를 분석하고 수정해 나가는 것을 하나의 학습 단계로 여김(오류를 범하는 언어 단계를 중간언어 단계라고 함.).
- 시작 단계에서부터 의사소통을 하기 위한 장려를 시도하며 문맥화된 상황을 학습 내용으로 삼고 상황에 따라 간헐적인 모국어 사용을 허용함(목표어 수준이 아직 안 되어 학습자의 의사를 정확하게 표현할 수 없을 때).

• 실제
- 학습자들이 외국어를 이해하고 의사소통에 이를 수 있도록 다양한 방법을 사용함.
- 수업 절차: [의사소통의 동기 부여(학습자의 관심과 연계하면 좋음)] → [판서는 의사소통 활동을 충분히 한 후에 하며, 최소화함] → [의사소통의 도구인 언어단위, 범주, 문법 기능 등을 인지하고 규칙을 내재화하는 기능 습득 단계] → [자신이 의견과 생각을 표현하고 상대방의 말을 이해하며 상호 의사소통을 하는 기능 사용의 단계]

• 발음 교육과의 관계
- 이 교수법에서는 발음 교육의 목표를 원어민 화자와 같은 수준의 정확한 발음을 습득하는 데 두지 않고, 이해 가능한 발음의 습득에 둠. 따라서 발음지도의 중심 분야가 분절음이 아니라 강세, 리듬, 억양 등과 같은 초분절음소로 바뀌었고, 문장 자체보다는 담화 차원의 발화 상황이 중요하게 다루어졌음.
- 이 교수법에서 발음 교육은 비중이 그다지 크지 않음.

이상에서 몇 가지 중요한 언어 교수법의 종류를 살펴보았다. 이밖에 인지주의 심리학과 변형생성문법의 영향으로 대두된 인지주의적 접근법이 있었으나 외국어 교수법 이론이 개발되지는 않았다. 또한 목표언어를 사용하여 실생활 및 상황과 관련된 의도적인 활동을 목표로 말을 가르치는 상황식 접근법, 교사는 되도록 침묵하면서 블록 등 도구를 사용하여 그것을 제시하며 연습하게 하는 침묵식 교수법, 여러 명이 둘러앉아 자유롭게 수업을 진행하는 공동체 학습법, 교사가 언어 형태가 아닌 동작을 통해 초기 단계의 학습자에게 단어를 깨닫게 하는 전신반응 교수법, 모국어 습득 과정과 같은 자연스러운 상황에서 목표어 입력에 노출되게 하는 자연 교수법, 추측 단계, 이해, 연습 단계, 활용 단계의 활동을 진행하는 총체적 언어 접근법 등이 있다.

3.2. 표준한국어 교육과정과 한국어 발음 교육

한국어 학습에서 발음 교육이 따로 떼어내져서 이루어지는 것이 아니고 전체 교육 속에서 구체적 정확성을 교육할 때 이루어지는 것이므로 한국어 교육과정의 큰 틀을 대략적으로 알아 두는 것이 좋을 것이다. 이 절에서는 국립국어원에서 연차적으로 연구하여 기준을 세운 표준한국어 교육과정을 참고하기로 한다.

국립국어원에서 2010년부터 국제통용 표준한국어 교육과정 연구를 진행해 왔다. 국제통용 한국어교육 표준 모형 개발 1단계 연구(2010)에서는 표준 교육과정을 7등급 체계로 구분하고 등급별 총괄 목표를 제시하였으며, 각 등급의 목표와 내용 기술을 위한 범주로 '주제(화제), 언어기술(듣기, 말하기, 읽기, 쓰기, 과제), 언어지식(어휘, 문법, 발음, 텍스트), 문화(문화지식, 문화실행, 문화관점)'의 네 범주를 설정하였다.

이어 '국제 통용 한국어교육 표준 모형 개발 2단계 연구'(2011)에서는 1단계 연구에서 제시한 각 범주의 구체적인 항목들을 등급별로 선정·배열하여 표준 교육과정의 교수요목을 확정하였다. 이러한 연구 과정을 통해 '국제 통용 한국어교육 표준 모형'은 그 개발 원리로 표방된 '내용의 포괄성, 사용의 편리성, 자료의 유용성, 적용의 융통성'을 갖추어 나갈 수 있었으며, 그 결과 실제 국내외 한국어교육 현장에서 교육 기관 운영, 교재 개발, 연구·조사 등에 다양하게 적용 및 활용되어 왔다. 3단계 연구인 '국제 통용 한국어 표준 교육과정 활용 점검 및 보완 연구'(2016)에서는 한국어 교육 현장의 다각적인 변화에 발맞추어 기존 연구를 사용자의 측면에서 수정·보완하는 한편 연구 내용을 보다 구체화하여 국내외 한국어 교육 현장에서의 활용도를 제고하고자 하였다. 특히 기존 연구의 7등급 체계를 6등급 체계로 수정하고 개방형인 6+ 등급을 설정하여 사용자 교육 환경과 조건에 맞게 등급을 재설계하였다. 이와 더불어 등급별 성취 수준에 부합하는 표준적 평가 방법 및 내용을 제공하였다.

그리고 최근 연구로 국제 통용 한국어 표준 교육과정 적용 연구(2017, 연구책임자: 김중섭, 국립국어원 발간)는 '국제 통용 한국어 표준 교육과정 활용 점검 및 보완 연구(2016)'의 후속 연구로, 기존 연구에서 실시한 교육과정 수정·보완 내용을 재점검하고 이를 국내외 한국어 교육 현장에 적용하기 위한 방안을 마련하는 것을 목표로 했다. 이를 위해 '국제 통용 한국어 표준 교육과정'의 최종 점검을 통해 내용의 통일성과 계열성을 확보하고자 했으며 국내외 다양한 교육 현장에서 '국제 통용 한국어 표준 교육과정'이 활용될 수 있도록 교육 현장별 유형화를 시도하고 이를 바탕으로 유형별 표준 한국어 교육과정을 개발하고자 했다. 또한 교육과정의 실사용자인 교육기관 관리자, 교사, 교재 개발자들이 교수요목 설계 및 교재 개발에 '국제 통용 한국어 표준 교육과정'을 충분히 참고할 수 있도록 교육과정 활용 지침서를 개발했다(이상 김중섭, 2017 참고).

외국어로서의 한국어 학습자를 위한 발음 교육에서도 이러한 한국어 표준교육과정을 충분히 인지하여 교육 단계와 내용을 구성하여야 한다. 따라서 이 절에서는 국립국어원에서 제시한 한국어표준과정 속에 들어 있는 한국어 발음 교육 관련 사항을 살펴보기로 한다.

■ **표준교육과정의 등급 체계**

2017년 연구보고서에서 새롭게 구성된 한국어 표준모형의 등급체계는 다음과 같다.

한국어 능력시험	-	표준 교육과정
		6+ (개방형)
고급(5~6급)	-	고급(5~6급)
중급(3~4급)	-	중급(3~4급)
초급(1~2급)	-	초급(1~2급)

한국어를 모국어로 하지 않는 외국인과 재외동포를 대상으로 한국어 사용 능력을 인증하는 즉 국가공인 자격시험인 한국어능력시험(TOPIC: Test of Proficiency in Korean)을 대비하는 표준 교육과정의 등급을 제시

하였으며, 한국어능력시험 6급 이상수준의 목표와 내용에 대한 교육도 필요성을 감안하여 개방형을 둔 것이다(학문 목적 학습자들의 아카데믹 토픽 등). 각 단계별 교육 목표와 내용이 구체적으로 제시되는데, 개방형 6+급은 구체적 도달 목표를 제시하지 않았다.

■ 표준교육과정의 등급별 총괄 목표

국립국어원 2017년 연구보고서(김중섭, 2017)에 제시된 표준교육과정의 등급별 총괄 목표는 다음과 같다.

등급		총괄 목표
초급	1급	정형화된 표현을 이용해 일상생활에서 매우 간단한 의사소통(자기소개, 인사, 물건 사기 등)을 할 수 있다. 기초적 어휘와 간단한 문장을 이해하고 사용할 수 있다. 가장 기본적인 한국의 일상생활 문화를 이해하고 자국의 문화와 비교할 수 있다.
	2급	기초 어휘와 단순한 문장을 이용해 일상생활에서 자주 마주치는 간단한 문제를 해결할 수 있다. 일상생활에서 자주 다루는 개인적·구체적 주제에 대해 간단하게 의사소통할 수 있다. 기본적인 한국의 일상생활 문화를 이해하고 자국의 문화와 비교할 수 있다.
중급	3급	일상생활에서 자주 마주치는 문제를 대부분 해결할 수 있으며, 친숙한 사회적 맥락에서 요구되는 과제를 어느 정도 해결할 수 있다. 친숙한 사회적·추상적 주제와 자신의 관심 분야에 대해 간단하게 의사소통할 수 있다. 문어와 구어를 어느 정도 구분해 사용할 수 있다. 대부분의 한국의 일상생활 문화와 대표적인 행동 문화, 성취 문화를 이해하고 자국의 문화와 비교할 수 있다.
	4급	친숙한 사회적 맥락에서 요구되는 과제를 대부분 해결할 수 있으며, 자신의 직업과 관련된 기본적인 업무를 처리할 수 있다. 친숙한 사회적·추상적 주제와 자신의 관심 분야에 대해 비교적 유창하게 의사소통할 수 있다. 문어와 구어를 적절히 구분해 사용할 수 있으며, 대상과 상황에 따라 격식과 비격식을 구분하여 사용할 수 있다. 한국의 대표적인 행동 문화, 성취 문화를 이해하고 자국의 문화와 비교할 수 있다.

고급	5급	덜 친숙한 사회적 맥락에서 요구되는 과제를 어느 정도 해결할 수 있으며, 자신의 업무나 학업과 관련된 기본적 의사소통 기능을 수행할 수 있다. 친숙하지 않은 사회적·추상적 주제 및 자신의 직업이나 학문 영역에 대해 간단하게 의사소통할 수 있다. 공식적인 맥락에서 격식을 갖추어 의사소통할 수 있다. 한국의 다양한 행동 문화, 성취 문화 및 대표적인 관념 문화를 이해하며 자국의 문화와 비교하여 문화의 다양성과 특수성을 이해할 수 있다.
	6급	덜 친숙한 사회적 맥락에서 요구되는 과제를 적절히 해결할 수 있으며, 자신의 업무나 학업과 관련된 의사소통 기능을 어느 정도 수행할 수 있다. 친숙하지 않은 사회적·추상적 주제 및 자신의 직업이나 학문 영역에 대해 비교적 유창하게 다룰 수 있다. 한국인이 즐겨 사용하는 담화텍스트 구조를 적절히 이용할 수 있다. 한국의 다양한 행동 문화, 성취 문화, 관념 문화를 이해하며 자국의 문화와 비교하여 문화의 다양성과 특수성을 이해할 수 있다.

■ 표준교육과정의 등급별 주제 목록

국립국어원 2017년 연구보고서(김중섭, 2017)에 제시된 표준교육과정의 등급별 주제 목록은 다음과 같다.

등급	주제
1급	개인 신상(이름, 전화번호, 가족, 국적, 고향), 주거와 환경(장소, 숙소, 방, 생활 편의 시설), 일상생활(가정생활, 학교생활), 쇼핑(쇼핑 시설, 식품, 가격), 식음료(음식, 음료, 외식), 공공 서비스(우편, 은행, 병원, 약국), 여가와 오락(휴일, 취미·관심, 영화·공연, 전시회, 박물관), 대인관계(친구·동료 관계, 초대, 방문, 편지), 건강(신체, 질병), 기후(날씨, 계절), 여행(관광지), 교통(길, 교통수단)
2급	개인 신상(이름, 전화번호, 가족, 국적, 고향, 성격, 외모), 주거와 환경(장소, 숙소, 방, 가구·침구, 주거비, 생활 편의 시설, 지역), 일상생활(가정생활, 학교생활), 쇼핑(쇼핑 시설, 식품, 의복, 가정용품, 가격), 식음료(음식, 음료, 배달, 외식), 공공 서비스(우편, 은행, 병원, 약국, 경찰서), 여가와 오락(휴일, 취미·관심, 영화·공연, 전시회, 박물관), 대인관계(친구·동료 관계, 초대, 방문, 편지, 모임), 건강(신체, 위생, 질병, 치료), 기후(날씨, 계절), 여행(관광지, 일정, 짐, 숙소), 교통(위치, 거리, 길, 교통수단)

급	내용
3급	개인 신상(성격, 외모, 연애, 결혼, 직업), 주거와 환경(숙소, 방, 가구·침구, 주거비, 생활 편의 시설, 지역, 지리, 동식물), 일상생활(가정생활, 학교생활), 쇼핑(쇼핑 시설, 식품, 의복, 가정용품), 식음료(음식, 배달, 외식), 공공 서비스(우편, 전화, 은행, 병원, 경찰서), 여가와 오락(휴일, 취미·관심, 라디오·텔레비전, 영화·공연, 전시회 박물관), 일과 직업(취업, 직장생활), 대인관계(친구·동료·선후배 관계, 초대, 방문, 편지, 모임), 건강(신체, 위생, 질병, 치료, 보험), 기후(날씨, 계절), 여행(관광지, 일정, 짐, 숙소), 교통(교통수단), 교육(진로)
4급	개인 신상(성격, 외모, 연애, 결혼, 직업), 주거와 환경(숙소, 방, 가구·침구, 주거비, 지역, 지리, 동식물), 일상생활(가정생활, 학교생활), 쇼핑(쇼핑 시설, 식품, 의복, 가정용품), 식음료(음식), 공공서비스(은행, 경찰서), 여가와 오락(휴일, 취미·관심, 라디오·텔레비전, 영화·공연, 전시회, 박물관, 독서, 스포츠), 일과 직업(취업, 직장생활, 업무), 대인관계(친구·동료·선후배 관계, 초대, 방문, 편지, 모임), 건강(신체, 위생, 질병, 치료, 보험), 기후(날씨, 계절), 여행(관광지, 일정, 짐, 숙소), 교통(교통수단, 운송, 택배), 교육(학교 교육, 교과목, 진로)
5급	개인 신상(직업, 종교), 주거와 환경(숙소, 방, 가구·침구, 주거비, 지역, 지리, 동식물), 여가와 오락(라디오·텔레비전, 독서, 스포츠), 일과 직업(취업, 직장 생활, 업무), 건강(위생, 질병, 치료, 보험), 기후(날씨, 계절), 여행(관광지, 일정, 짐, 숙소), 교육(학교 교육, 교과목, 진로), 사회(정치, 경제, 범죄, 제도, 여론, 국제 관계), 예술(문학, 음악, 미술), 전문분야(언어학, 과학, 심리학, 철학
6급	개인 신상(종교), 주거와 환경(지리), 여가와 오락(독서, 스포츠), 일과 직업(취업, 업무), 건강(위생, 질병, 치료, 보험), 사회(정치, 경제, 범죄, 제도, 여론, 국제 관계), 예술(문학, 음악, 미술), 전문분야(언어학, 과학, 심리학, 철학)

위에 정리된 내용을 보면 항목으로는 동일할지라도 등급별로 다루는 구체적 주제와 내용이 달라짐을 알 수 있다. 예를 들어 '여행'을 주제로 하더라도, 1급에서는 관광지, 2급~5급에서는 관광지, 일정, 짐, 숙소로 항목이 들어가 있고, 이것을 교육에서 활용할 때에는 난이도를 조절하며 다루어야 한다. 또한 일과 직업에 대해 3급에서는 일과 직업(취업, 직장생활), 4급에서는 취업, 직장생활, 업무, 5급에서는 취업, 직장 생활, 업

무, 6급에서는 취업, 업무로 제시되어 있는데, 역시 교육에서 등급에 맞는 내용을 가르쳐야 할 것이다. 김중섭(2017)에서는 다음과 같이 설명하였다.

주제	여행		
등급	2급	3급	4급
제목	여행	여행 계획	여행의 감동
활동	여행 정보 물어보기 여행 경험 말하기	여행 계획 세우기 여행 계획 추천하기	여행지의 특색 설명하기 여행 소감 이야기하기
예	제주도에 가 봤어요? 네, 정말 즐거웠어요.	강원도는 어때요? 좋아요. 사진을 보니 경치가 아주 좋아 보여요.	부산은 한국의 생기를 느낄 수 있는 곳이어요.

주제	직업		
등급	3급	4급	5급
제목	직장	업무	면접
활동	직장 선택의 기준 말하기 희망하는 근무 조건 말하기	업무 내용 파악하기 업무 진행 과정 보고하기	면접에서의 자기소개 계획이나 포부 말하기
예	어떤 일을 하고 싶어요? 보람 있는 일을 하고 싶어요.	거래처에 연락을 했습니까? 네, 업무 담당자와 통화했습니다.	외국어 능력이 우수하다고요? 예, 특히 영어는 아주 능숙하게 잘 합니다.

■ 표준교육과정의 발음 교육 목록과 등급

국립국어원 2017년 연구보고서(김중섭, 2017)에 제시된 표준교육과정의 발음 교육 관련 내용은 다음과 같다. 각 목록들에 대해 등급 표시를 한 것은 중점 등급을 표시한 것이다. 발음 교육은 어느 한 등급에서 끝나는 것이 아니라 발음의 유창성과 정확성을 위해 지속적으로 학습되어야 하는 것이기 때문이다.

대분류	중분류	예시	내용	등급 1	2	3	4	5	6
음소 (분절음)	모음	단모음 ㅏ,ㅐ,ㅓ,ㅔ,ㅗ,ㅚ,ㅜ,ㅟ,ㅡ,ㅣ	단모음을 듣고 구별한다.	•					
			단모음을 어느 정도 정확하게 발음한다.		•				
		이중모음 ㅑ,ㅒ,ㅕ,ㅖ,ㅘ,ㅙ,ㅛ,ㅝ,ㅞ,ㅠ,ㅢ	이중모음을 듣고 구별한다.	•					
			이중모음을 어느 정도 정확하게 발음한다.		•				
		자음 다음의 'ㅢ'는 'ㅣ'로 발음하며 그 외에는 'ㅣ'와 'ㅔ'로 발음할 수 있음. 예) 무늬[무니], 회의[회의/회이], 우리의[우리의/우리에]	'ㅢ'가 달리 발음되는 환경을 알고 구별하여 발음한다.			•			
	자음	자음 ㄱ,ㄲ,ㄴ,ㄷ,ㄸ,ㄹ,ㅁ,ㅂ,ㅃ,ㅅ,ㅆ,ㅇ,ㅈ,ㅉ,ㅊ,ㅋ,ㅌ,ㅍ,ㅎ	자음을 듣고 구별한다.	•					
			자음을 어느 정도 정확하게 발음한다.		•				
		평음 ㄱ,ㄷ,ㅂ 격음 ㅋ,ㅌ,ㅍ 경음 ㄲ,ㄸ,ㅃ,ㅆ,ㅉ	평음, 격음, 경음의 차이를 알고 어느 정도 정확하게 발음한다.		•				
		'ㄹ'은 초성과 모음 사이에서는 탄설음 'r'로, 종성과 휴지 앞에서는 설	'ㄹ'이 탄설음과 설측음으로 발음되는 규칙을 알고 이를 적용하여 발음한다.	•					

110 한국어 교원을 위한 한국어 발음 교육론

		측음 'l'처럼 발음됨. 예) 불[bul], 부리[buri]							
		'ㄱ,ㄷ,ㅂ,ㅈ'은 모음과 모음 사이, 받침 'ㄴ,ㄹ,ㅁ,ㅇ'과 모음 사이에서 유성음 'g, d, b, dʒ'로 발음됨. 예) 부부[pubu]	무성음 'ㄱ,ㄷ,ㅂ,ㅈ'이 유성음 사이에서 유성음으로 발음되는 규칙을 알고 이를 적용하여 발음한다.	•					
운소 (초분절음)	끊어 말하기	예) 아까 만난 / 친구의 동생은 귀엽다. 아까 만난 친구의 동생은 / 귀엽다.	발화를 듣고 끊어 말하는 단위를 파악한다.		•				
			발화를 이해 가능한 단위로 끊어 말한다.		•				
		예) 큰일 났어[크닐:낟써/크닐랃써], 김밥 먹을 사람[김빱:머글싸람/김빰머글싸람]	끊어 말하기 단위에서 일어나는 음운 현상을 알고 어느 정도 정확하게 발음한다.				•		
	억양	문장의 끝 부분에서 평서문은 하강조, 의문문은 상승조 억양이 나타남.	평서문과 의문문의 문말 억양을 구별한다.	•					
			평서문과 의문문의 문말 억양을 어느 정도 정확하게 실현한다.	•					
		설명의문문은 하강조, 판정의문문은 상승조 억양이 나타남.	설명의문문과 판정의문문의 문말 억양을 구별한다.		•				
			설명의문문과 판정의문문의 문말 억양을 어느 정도 정확하게			•			

			실현한다.					
		구나 절 단위에서 나타나는 자연스러운 억양을 의미하며 몇 가지 패턴으로 실현됨. 예) 우리 언니는 (저 고 저 고 형)	문장 내에서 나타나는 억양 패턴을 이해하고 이를 어느 정도 정확하게 실현한다.			•		
		예) '-거든요'의 경우 이유를 말할 때는 하강조, 자신이 하고 싶은 말의 배경을 말할 때는 상승조로 실현	억양에 따라 달라지는 화용적 의미를 파악하고 이를 어느 정도 정확하게 실현한다.				•	
	휴지	예) 같이 갈 사람[갈#사람 / 갈싸람]	휴지에 따른 발음의 변화를 이해한다.				•	
			휴지에 따라 발음이 달라짐을 알고 이를 실현한다.					•
		예) 누가 왔어? ⇒ 온 사람이 누구인가, 혹은 누군가 왔는가?	휴지에 따른 문장의 의미 차이를 이해한다.					•
			휴지에 따라 문장의 의미 차이가 있음을 알고 이를 실현한다.					•
음절	음절의 구조	중성: 아 초성+중성: 가 중성+종성: 안 초성+중성+종성: 강	음절이 중성, 초성+중성, 중성+종성, 초성+중성+종성으로 이루어져 있음을 안다.	•				
			중성, 초성+중성, 중성+종성, 초성+중성+종성으로 이루어져		•			

			있는 음절을 정확하게 발음한다.					
	연음	예) 밥을[바블], 깎아[까까]	홑받침이나 쌍받침으로 끝나는 음절이 모음으로 시작하는 음절과 이어질 때 앞 음절의 끝 자음인 종성이 다음 음절의 초성으로 발음된다는 것을 안다.	•				
			홑받침과 쌍받침에 대한 연음 규칙을 적용하여 정확하게 발음한다.		•			
		예) 밝은[발근]	겹받침이 모음으로 시작하는 음절과 이어질 때 뒤엣것만 다음 음절의 초성으로 발음된다는 것을 안다.	•				
			겹받침에 대한 연음 규칙을 알고 정확하게 발음한다		•			
		예) 겉옷[거돋]	종성이 평파열음화 규칙에 따라 평파열음으로 바뀐 후 연음된 발화를 듣고 이해한다.		•			
			종성을 평파열음화 규칙에 따라 평파열음으로 바꾼 후 연음하여 발음해야 하는 단어를 정확하게 발음한다.			•		
	평파열음화	예) 앞[압], 꽃[꼳], 부엌[부억]	평파열음이 아닌 소리가 음절의 종성에 오게 되면 평파열음	•				

			으로 바뀌는 것을 안다.					
			평파열음이 아닌 소리가 음절의 종성에 오게 되면 평파열음으로 바뀌는 것을 알고 이를 적용하여 음절의 종성을 정확하게 발음한다.			•		
	자음군단순화	두 개의 자음으로 이루어진 겹받침 11개 종류는 둘 중 한 가지로만 발음된다. 겹받침은 앞 자음이 발음되는 경우도 있고 뒤 자음이 발음되는 경우도 있다.예) 값[갑], 읽다[익따]	음절 끝에 자음군이 올 경우 한 자음은 탈락하고 나머지 자음만 발음된다는 것을 안다.		•			
			자음군단순화 규칙을 적용하여 비교적 정확하게 발음한다.			•		
	발화 속도	예) 발화 중 강조하고 싶은 부분은 다른 부분에 비해 속도를 느리게 하여 발화한다.	자연스러운 의사소통과 발화 효과를 위해 발화 속도를 적절히 조절해 발화한다.				•	
음운 현상	경음화	받침 'ㄱ,ㄷ,ㅂ' 뒤에 오는 'ㄱ,ㄷ,ㅂ,ㅅ,ㅈ'은 된소리로 발음한다. 예) 책상[책쌍]	평파열음 뒤 경음화 현상이 일어난 발화를 듣고 이해한다.		•			
			평파열음 뒤 경음화 현상이 일어나는 환경을 알고 정확하게 발음한다.			•		
		어간의 받침 'ㄴ,ㄹ,ㅁ' 뒤	비음과 유음 다음에 경음화 현상이 일어			•		

		에 이어지는 어미의 첫소리 'ㄱ,ㄷ,ㅅ,ㅈ'은 경음으로 발음한다. 예) 앉자[안짜], 할게[할께]	난 발음을 듣고 이해한다.					
			비음과 유음 다음에 경음화 현상이 일어나는 환경을 알고 정확하게 발음한다.				•	
		한자어에서 'ㄹ' 받침 뒤에 이어지는 'ㄷ,ㅅ,ㅈ'은 경음으로 발음된다. 예) 갈등[갈뜽], 일시[일씨], 발전[발쩐]	특정 한자어 단어에서 경음화 현상이 일어난 발음을 듣고 이해한다.				•	
			특정 한자어 단어에서 경음화 현상이 일어나는 환경을 알고 정확하게 발음한다.				•	
		예) 갈 것을[갈꺼슬], 할 걸[할껄]	관형형 어미 '-(으)ㄹ' 다음에 경음화 현상이 일어난 발음을 듣고 이해한다.		•			
			관형형 어미 '-(으)ㄹ' 다음에 경음화 현상이 일어나는 환경을 알고 정확하게 발음한다.		•			
		예) 눈동자[눈똥자], 발바닥[발빠닥], 아침밥[아침빱]	경음화 환경이 아닌 합성어에서 경음화 현상이 일어난 발음을 듣고 이해한다.					•
			경음화 환경이 아닌 합성어에서 경음화 현상이 일어나는 환경을 알고 정확하게 발음한다.					•
	비음화	받침 'ㄱ,ㄷ,ㅂ'은 비음 'ㄴ,ㅁ' 앞에서 비음으로 발음된	장애음의 비음화가 일어난 발화를 듣고 이해한다.	•				
			장애음의 비음화가	•				

		다. 예) 국물[궁물], 잡는[잠는]	일어나는 환경을 알고 정확하게 발음한다.					
		받침 'ㄴ, ㅁ, ㅇ' 뒤에 이어지는 'ㄹ'은 비음으로 발음된다. 예) 강릉[강능]	유음의 비음화가 일어난 발화를 듣고 이해한다.			•		
			유음의 비음화가 일어나는 환경을 알고 정확하게 발음한다.				•	
	유음화	'ㄴ'은 'ㄹ' 앞이나 뒤에서 'ㄹ'로 바뀐다. 예) 난로[날로], 물난리[물랄리]	'ㄴ'이 'ㄹ'로 바뀐 발화를 듣고 이해한다.			•		
			'ㄴ'이 'ㄹ'로 바뀌는 환경을 알고 정확하게 발음한다.				•	
	구개음화	예) 굳이[구지], 같이[가치]	구개음화가 일어난 발화를 듣고 이해한다.		•			
			구개음화가 일어나는 환경을 알고 정확하게 발음한다.				•	
	ㅎ 탈락	예) 좋아요[조아요], 싫어요[시러요]	'ㅎ'이 탈락된 발화를 듣고 이해한다.	•				
			'ㅎ'이 탈락되는 환경을 알고 정확하게 발음한다.	•				
	ㄴ 첨가	예) 솜이불[솜니불]	'ㄴ'이 첨가된 발화를 듣고 이해한다.				•	
			'ㄴ'이 첨가되는 환경을 알고 정확하게 발음한다.					•
		예) 꽃잎[꼰닙], 솔잎[솔립]	'ㄴ'이 첨가된 다음 비음화와 유음화가 일어나는 발화를 듣고 이해한다.					•
			'ㄴ'이 첨가된 다음 비음화와 유음화가 일어나는 환경을 알					•

			고 정확하게 발음한다.					
	격음화	'ㅎ' 뒤에 오는 자음 'ㄱ,ㄷ,ㅈ'은 각각 'ㅋ,ㅌ,ㅊ'으로 발음한다. 받침 'ㄱ,ㄷ,ㅂ,ㅈ' 뒤에 'ㅎ'이 오면 각각 'ㅋ,ㅌ,ㅍ,ㅊ'으로 발음한다. 예) 놓고[노코], 먹히다[머키다]	격음화 현상이 일어난 발화를 듣고 이해한다.		•			
			격음화가 일어나는 환경을 알고 정확하게 발음한다.			•		
		예) 꽃하고[꼬타고], 깨끗하다[깨끄타다]	평파열음화 뒤 격음화가 일어난 발화를 듣고 이해한다.			•		
			평파열음화 뒤 격음화 현상이 일어나는 환경을 알고 정확하게 발음한다.				•	
현실 발음	경음화	예) 소주[쏘주], 조금[쪼금]	경음화 환경이 아닌 곳에서 경음으로 발음되는 소리를 듣고 이해한다.			•		
	조음 위치 동화	예) 신발[심발], 감기[강기]	받침 'ㄴ,ㄷ'이 'ㅁ,ㅂ,ㅃ,ㅍ' 앞에서 'ㅁ,ㅂ'으로 발음되거나, 받침 'ㄴ,ㄷ,ㅁ,ㅂ'이 'ㄱ,ㄲ,ㅋ' 앞에서 'ㅇ'과 'ㄱ'으로 발음되는 것을 이해한다.			•		
	반모음화	예) 꼬아[꽈], 쑤어[쒀], 기어[겨]	'ㅗ,ㅜ'와 'ㅣ'로 끝나는 어간 다음 'ㅏ, ㅓ'로 시작하는 어미가 올 때 'ㅘ, ㅝ'와				•	

3장 발음 교육론 기초 이론

		'ㅕ'로 발음되는 것을 이해한다.					
원순모음화	예) 옆으로[여푸로], 숲을[수풀]	'ㅡ'가 [ㅜ]로 발음되는 것을 이해한다.		•			
모음변화	예) 하고[하구])	조사나 어미의 'ㅗ'를 'ㅜ'로 발음하는 것을 듣고 이해한다.		•			
'ㅎ' 탈락	예) 은행[으냉], 실험[시럼]	'ㅎ'이 비음이나 유음 다음에 탈락되거나 약화된 소리를 듣고 이해한다.		•			
'ㄹ' 첨가	예) 하려고[할려고]	'-(으)려고'의 경우 '려' 앞에 'ㄹ'이 첨가되는 소리를 듣고 이해한다.				•	
모음축약	예) 놔두+어> 나둬>[놔도], 주어>줘>[조	모음과 모음이 이어질 때 제3의 단모음으로 줄어든 발음을 듣고 이해한다.				•	

위 표에 제시된 발음 현상들이 한국어 교육을 위해 다루어야 할 학습 내용들이다. 앞의 2장에서 살핀 음운론 기초 이론의 내용들이 모두 포함되고 있음을 알 수 있다. 그리고 각각의 내용들이 특히 어떤 등급에서 다루어질 것인지도 매우 중요한 정보가 될 것이다.

물론 실제로 한국어 교육을 할 때 발음만을 따로 떼어 낸 교과목이 있는 것은 아니며 한국어 교재 속에 실린 내용을 중심으로 다루면 될 일이다. 그럴 때 위의 전체 발음 관련 내용을 인지하고 있다면 이 학생들이 무엇을 이미 배웠을 것이며 무엇을 아직 모를 것이라는 상황 정보가 있는 상태에서 가르칠 수 있으므로 훨씬 좋을 것이다.

3.3. 발음 교육의 활동 유형과 수업 모형

이 절에서는 한국어 학습자들에게 발음 교육을 할 때 사용할 수 있는 활동과 수업 모형을 소래하기로 한다.

■ **활동 유형**

(1) 듣고 따라 하기

- 학습자들로 하여금 원어민의 발음에 가능한 한 많이 노출되게 하여 그 발음을 듣고 따라하게 함.
- 가장 기본이 되는 방법으로 이용하기 쉬워 널리 이용됨.

(2) 음성 훈련하기

- 한국어에서 사용되는 각 소리를 여러 가지 방법을 활용하여 연습하는 것. 예를 들어 'ㅍ, ㅌ, ㅋ' 소리는 바람을 세게 내는 소리이므로 입 앞에 얇은 미용 화장지를 대고 흔들리게 발음하게 함.
- 각각의 분절음을 조음위치나 조음방법 등과 함께 설명해주고, 음성적 환경을 달리 하여 발음해 보게 하며, 스스로 그 원리를 발견하게 함.
- 한국어에 필요한 모든 분절음과 각 분절음의 변이음을 학습시킴. 예) 한국어의 /ㄹ/를 학습할 때에 '달, 꿀, 술'에서와 같이 받침에서 쓰일 때와 '소리, 나라, 다리'들에서와 같이 모음 사이에서 쓰일 때를 각각 설명해주고, 정확하게 발음해 주어 그 차이를 분명히 인식하게 함.

(3) 문맥에 나타난 최소대립쌍 연습하기

- '달-딸-탈'이나 '불-뿔-풀'과 같이 단 하나의 음소로 인해 뜻이 달라지는 말들의 쌍인 최소대립쌍을 이용한 발음 연습은 학습자들에게 문제가 되는 개별 음소 발음의 차이를 구별하는 데 효과적임.
- 초급 학습자에는 단순히 최소대립쌍이 되는 낱말들만을 제시하여 연습하게 할 수밖에 없으나 중급 이상 학습자에게는 문맥까지 제시한 예를 연습하게 하는 것이 좋음.

문맥에 나타난 최소대립쌍 연습	
동일한 문장 내에 제시하는 경우	두 문장의 동일한 위치에 제시하는 경우
• 우리 **딸**은 **달**을 좋아한다. • **굴** 맛이 **꿀**맛 같다. • **방**에 들어가서 **빵**을 먹자.	• 공원에 **풀/불**이 났다. • 나는 **굴/꿀**을 먹었다. • 아저씨는 공장에서 **종/총**을 만든다.

(4) 말꼬기 연습하기(tongue twitters)

- 유사한 발음을 가진 단어들을 연이어 제시한 문장을 만들어 혀가 잘 돌아가지 않게 어렵게 함. 이 문장을 반복적으로 연습하여 발음이 입에 익도록 하는 방법.
- 이 방법은 한국어 발음의 향상에는 실제적으로 큰 도움을 주지 못할지라도 유사한 발음 간의 차이를 인지할 수 있게 할 뿐만 아니라, 게임과 같은 여러 가지 활동으로 재미있게 활용될 수 있음.

말꼬기 연습을 위한 예문
• ㄱ-ㅋ-ㄲ 　거기 그 강낭콩 콩깍지는 깐 강낭콩 콩깍지이고, 　여기 이 강낭콩 콩깍지는 안 깐 강낭콩 콩깍지이다.

- ㄴ-ㅁ
  내가 만든 만두는 물만두이고, 네가 만든 만두는 군만두이다.

- ㄷ-ㅌ-ㄸ
  동그란 통에 든 떡은 꿀떡이고, 동그랗지 않은 통에 든 떡은 찰떡이다.

- ㅂ-ㅍ-ㅃ
  밥그릇에 빠진 파리는 프랑스 파리인가, 브라질 파리인가?
  보라색, 파란색, 빨간색 띠가 예쁜가, 분홍색, 파란색, 빨간색 띠가 예쁜가?

- ㅅ-ㅆ
  새로 산 신(발)은 싸구려 신이 아니고, 새로 사지 않은 신은 싸구려 신이다.

- ㅈ-ㅊ
  중앙청 창살 쇠창살, 검찰청 창살 쌍창살, 경찰청 창살 철창살

(5) 소리 내어 읽기 및 역할극 하기

- 학습자들에게 대본을 나누어 주고 읽게 함 → 연극 대본을 암기하면서 몸동작과 함께 하도록 지도함.
- 감정 표현이나 제스처 등과 같은 비언어적 요소도 함께 연습시킬 수 있음.
- 학습자의 한국어 수준에 따라 대화문의 수준을 결정함.
  예) 초급인 경우에는 교과서의 본문을 이용, 중급 이상의 경우에는 실생활에 필요한 광고자료나 재미있는 만화를 이용, 고급 학습자인 경우에는 인기 있는 드라마나 영화의 실제 대본을 활용.

(6) 학습자의 발화 녹음하기

- 학습자의 발음 연습, 자유로운 대화, 즉흥적인 연설 및 역할극을 녹음하여 자기 스스로 평가하도록 하거나, 동료들의 평가나 혹은 교사의 피드백을 얻을 수 있는 자료로 활용함.

(7) 드라마 더빙하기
- 고급 학습자의 경우에 사용할 수 있는 방법으로 드라마를 선별한 후 미리 준비해 놓은 드라마 대본에 따라 역할을 정해 연습하도록 함.
- 다음 단계로 조별 과제를 내주어 드라마 장면에 맞추어 구연하는 것을 녹음해 오도록 함.
- 수업 시간에 드라마를 틀어 소리를 제거한 다음 학습자들이 녹음한 것을 함께 들음.
- 학습자들의 흥미를 유발할 수 있을 뿐만 아니라 리듬이나 휴지(pause) 등의 연습에 효과적임.

(8) 이밖에 동화 구연, 인터뷰 연습, 빙고 게임, 퍼즐 게임, 관련 정보 연결하기 등 다양한 학습활동을 통하여 한국어의 자음이나 모음 발음, 그리고 동화현상이나 높낮이 등을 지도함.

■ 수업 모형

(1) 교육 단계에 따라

먼저 교육 단계에 따르는 수업 모형을 제시하면 다음과 같다.

① 도입 단계
- 학습자의 발음 상태 진단 (인사 등을 통해)
- 교사가 학습자들에게 "무엇을?", "왜?" 학습하는지를 분명히 알도록 함.

〈초급 1〉 '이' 모음 교육 도입 단계
[인사] 안녕하세요?
[학습 내용 소개]
- '이' 모음이 적힌 카드를 제시하면서 발음을 예측해 보도록 함.

② 제시 단계
- 학습할 어떤 특정한 소리 및 그 소리의 특징 사항들을 제시하여 학습자에게 그 소리를 인지하게 함.

〈초급 1〉 '이' 모음 교육 제시 단계
[들어보세요] 이리 와! 이리!
[이렇게 해보세요]
　[이] ① 입을 옆으로 길게 벌리세요. (그림 자료 보여주고 교사가 직접 '이' 발음할 때의 입 모양을 보여줌.)
　　　② 혀는 입천장 쪽으로 올리세요. (그림 자료 보여주며 손짓으로 설명)

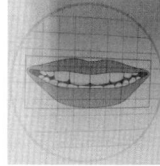

　　그림 자료①　　그림 자료②
※ 인용: 외국인을 위한 한국어 발음 47 (서울대학교 언어교육원, 2009)

- 어떤 특정한 발음 또는 음운규칙이 언제 어떻게 나타나는지를 알 수 있게 하는 적절한 예를 들려주며 자연스럽게 원어민 발음을 만나게 함.

③ 연습 단계
- 원어민의 자연스러운 발음을 듣고 따라함으로써 학습자가 학습 대상 언어의 발음을 모방하고 자신의 발음으로 고정시킬 수 있도록 함.
- 연습의 초기 단계에서는 특정 소리나 소리의 대립 같은 형태에 초점을 두어 연습, 그런 다음 의사소통에까지 초점을 맞춤.

> 〈초급 1〉 '이' 모음 교육 연습 단계
> [듣고 따라 하세요] (음성 훈련)
>   이이이   미미미   이이이   미미미
> [듣고 따라 하세요]
>   이마   이제   나이   사이   아이   오이
>   고기   어머니   비   시내   바지   치마
>   미리   시기   이리   이미
> ※ 인용: 외국인을 위한 한국어 발음 47 (서울대학교 언어교육원, 2009)

④ 과제 활동 단계
- 학습자가 실제의 자연스러운 상황에서도 학습한 대로 발음할 수 있도록 다양한 발음 훈련 활동을 함.
- 고정된 텍스트 없이 형태와 의미 모두를 말하게 하는 조사 활동, 역할 놀이, 인터뷰, 즉흥적인 연설, 패널 토의 등의 활동을 활용할 수 있음. 학습자에게 한 번에 한두 개 발음의 특징에만 주목하게 하면서 의사소통 활동을 하도록 하는 것이 중요함.
- 목표 발음 외의 다른 요소까지에 주의를 기울이는 것은 역효과를 낼 수 있음. 예) 발음 활동의 목표가 동화 현상일 때, 역할 놀이로 의사소통 활동 연습을 하더라도 동화 현상에 관심을 두면서 과제를 완수하도록 함.

⑤ 마무리 단계
- 수업 주제에 대해 학생들이 어느 정도 이해하고 적응했는지를 살펴보는 간단한 검토를 하며 칭찬과 격려를 함.
- 숙제를 알려주고, 다음 시간 수업을 예고함.

위 단계는 기본적으로 학습자가 한국어 음과 친숙해지는 몇 가지 단계

적 원리를 포함하는데 다음과 같다.

- 제1단계: 청각적인 구분
- 특정 발음을 잘 못하는 경우는 그 발음을 정확하게 듣지 못하는 경우가 많으므로 조용한 수업 환경에서 교사의 발음, 또는 학습 부교재 발음(CD, 음원 등)을 잘 듣도록 한다.
- 제2단계: 인지와 이해
- 음성기관의 그림이나 모형 또는 교사의 발음 동작 등을 이용하여 한국어의 발음 체계가 어떻게 이루어져 있는지 또는 학습자의 모국어와는 어떤 차이가 있는지를 간략하게 설명하고 인식시킨다. 교사가 실제로 발음 동작을 보여줄 때 과장된 입모양으로 하는 정확한 발음을 들려주어야 한다.
- 제3단계: 발성
- 학습자가 실제로 발음하고 연습하는 단계를 말한다. 한국어에서 모음은 자음과 결합하여 음절을 만드는 기본이 되므로 모음부터 발음 교육을 시작하는 것이 편리하다. 학습자들의 입술 모양만 보고도 오류를 점검할 수 있으므로 구체적인 발음 지도가 가능하다.
- 제4단계: 확인과 교정
- 학습자가 만든 발음 오류의 문제점을 판단하고 오류의 원인을 찾아 과학적이고 효과적인 교정 방법을 동원하여 교정해 준다. 교사가 발음 교정의 효과적인 방법을 제시하는 데에 기본적인 것은 모음, 자음 발음의 발성 특징과 한국어 모음, 자음 체계에 대한 정확한 인지이다.

또한 수업 단계에서 교육 자료들을 적절히 사용함으로써 교육의 효과를 높일 수 있는 것들을 소개하면 다음과 같다.

- 언어 자료: 예문 / 과제
- 청각 자료: 교사의 육성 / CD, mp3, 녹음기, 스마트폰 / 어학실습실
- 시각 자료: 교재 / 칠판 / 카드(자모카드, 문형카드, 사진, 그림카드, 단어카드)
- 시청각 자료: 동영상 자료 / 컴퓨터 활용 자료 /멀티미디어

특히 초급 단계 수업에서는 자음, 모음 카드를 잘 활용하면 좋다.

- 자음과 모음의 색깔을 구분한다.
- 이중모음의 제시는 음가를 쉽게 이해하게 하기 위해 단순 모음을 결합하여 만들어 보도록 연습을 시키는 것도 좋다.
- 음절을 만드는 연습을 하기 위해 초성과 종성이 동일한 자음을 필요로 할 때, 두 개의 자음이 준비되어 있지 않으면 음절을 만들 수 없으므로 자음은 두 벌이 필요하다.
- 그룹별 게임 활용교사가 단어를 부르고 빨리 단어를 완성하는 모둠에 상을 주는 식의 게임을 실시하면 동기 유발을 겸한 효과적인 학습이 이루어질 수 있다.

(2) 교육 자료 제시 방법에 따라

다음으로, 교육 자료 제시 방법에 따라 수업 모형을 다음과 같이 구분할 수 있다.

① 상향식 모형 (Bottom-up model)
- 형태에 초점을 두어 소리부터 교육하고 낱말, 구와 문장으로 확장하는 방법. 즉 자음과 모음 등 개별음을 학습하고 강세, 리듬, 억양 등의 초분절음으로 지도해 감.

② 하향식 모형 (Top-down model)
- 형태보다는 상황과 의미에 초점을 두는 방법으로 담화 수준의 초분절적 요소에서 시작하여 개별음으로 지도해 가는 방법. 즉 전체 문장 자료를 통해 강세, 리듬, 억양 등 초분절음을 익히면서 개별적 분절음으로 옮겨 학습을 하게 함.

③ 상호작용식 모형 (integrated model)
- 상향식 모형은 개별음을 정확히 익히게 하는 데에 효율적이고 하향식 모형은 담화 수준의 의사소통 능력을 배양하는 데에 효율적이므로 이 두 방식을 적절히 조절하여 균형 있게 사용하는 것.

그런데 학습자의 수준별로 위 모형의 활용 방식이 다소 달라질 수 있다.

- 모음과 자음의 발음과 글자를 다 익힌 초급 학습 단계: 우선 학습자의 모국어와 목표어의 음운 체계의 대조를 통하여 최소 단위인 음소의 대립 훈련을 한다. 예를 들어 영어권 학습자의 경우는 한국어의 /ㅅ, ㅆ/과 /s/의 차이를 청각적으로 구분하는 훈련을 한다. 이밖에 많은 언어권 사용자들이 어려워하는 한국어의 '평음-경음-격음'으로 대립하는 자음들도 우선 청각적으로 잘 구별할 수 있도록 학습시킨다. 개별적인 음소 단위인 발음 훈련 단계가 끝나면 어휘 단위

와 문장 단위의 청취 훈련으로 음을 가려냄으로써 정확하지 않은 발음을 찾아내게 하는 훈련을 한다. 이러한 단계까지는 상향식 모형을 취한 것이다. 그런데 문장 단위의 청취 훈련을 하면서 혹시 개별 음소 인식 관련 문제가 발견되면 다시 기본적 개별 음소 학습으로 전환할 수 있다. 이런 경우, 하향식 모형을 취한 것이다.
- 발음, 어휘, 문장, 담화 등 한국어 학습의 여러 영역 중 특히 발음 교육은 언어 단위가 작은 것에서부터 큰 것으로, 분절음 발음에서 비분절음 발음으로 순서를 정하는 것이 좋다. 즉 정확성을 얻기 위한 발음에서부터 유창성을 얻기 위한 단어, 문장 발음으로 나아가도록 구성하는 것이다.
- 분절음의 발음은 '음운 → 음절 → 단어 '의 순으로 단위를 확대하고, 비분절음 요소의 발음은 운소와 문장의 운율을 포함하여 학습하게 한다. 즉 "음운 발음 → 음절 발음 → 단어 발음 → 운소 발음 → 운율구 발음 → 문장 발음"의 순서가 적당하다. 발음 교육의 단위를 '음운→음절→단어'의 순으로 배열하는 이유는 학습자의 시각에서 발음이 고정적인 것을 앞에 두고 그렇지 않은 것을 뒤에 두기 위한 것이다.

3.4. 초급, 중급, 고급 단계의 오류 분석과 발음 교육

이 절에서는 학습자 언어 오류를 등급별로 분석한 내용을 소개하기로 한다. 이를 참고함으로써 더욱 효과적인 발음 교육을 할 수 있다. 여기에 정리하는 오류 분석 내용은 교재, 논문 등 많은 앞선 연구에서 참고한 것이다.

■ **초급 학습자의 오류 분석**

(1) 발음이 정확하지 못하고, 정확한 조음 위치 및 조음 방법을 잘 인식하지 못한다.

(2) /ㅈ/, /ㅉ/, /ㅊ/ 등 몇몇 음운에 있어 집중적인 혼란을 겪으며 고급단계까지 이어진다.

(3) 대부분의 음운 오류는 잘못된 음운으로 인식한 대치 유형의 오류이다.

(4) 초성과 종성의 경우 누락과 첨가의 예도 발견된다.

(5) 조음 위치는 대부분 기억하는 반면 조음 방법에 따른 음운의 차이를 인식하는 못하는 것으로 보인다.

① 초성 오류
- /ㅈ/, /ㅉ/, /ㅊ/를 구별하지 못해서 일어나는 오류는 약 53%, /ㄱ/, /ㄲ/, /ㅋ/를 구별하지 못해서 일어나는 오류는 약 24% 정도로 분포되는 것으로 보아 조음 위치보다는 조음 방법에 대한 학습이 어려움을 알 수 있다(이정희, 2003 참고).
  • 날씨가 아주 <u>주워요</u>. (→추워요)
  • 길이 많이 <u>마겼습니다</u>. (→막혔습니다)

② 중성 오류
- /ㅓ/와 /ㅗ/, /ㅜ/ 그리고 /ㅡ/, /ㅗ/와 /ㅜ/를 구별하지 못해서 일어나는 오류가 39% 정도를 차지하며, 자음의 오류와는 달리 다양한 오류 양상이 나타난다(이정희, 2003 참고).

- 어늘 친구하고 극장에 갑니다. (→오늘)
- 모리를 감고 친구를 만나러 갔어요. (→머리)
- 보모님이 보고 싶어서 고향에 갈 거예요. (→부모님)

③ 종성 오류
- 특히 /ㅓ/, /ㅗ/의 오류는 개구도의 정도는 다르지만 조음 위치는 비슷한데, 한국어와 모음체계가 다른 언어권의 학습자들은 이 차이를 구별하는 일이 매우 어렵다. 또한 학습자들의 원순모음 /ㅗ/, /ㅜ/의 혼동으로 인한 오류 원인은 원순성의 정도가 모국어와 달라 그 발음 위치나 방법을 기억하지 못한 것에 기인한다고 볼 수 있다.
- 비교적 구별이 쉬운 모음에서 다양한 오류가 나타나는 이유는 자모를 학습하는 단계에서 개별 음운에 대한 정확한 인식이 부족하기 때문이라고 할 수 있다.
- 7종성의 정확한 발음 방법이 교육되어야 함은 물론 특히 종성에서의 불파음인 /ㄱ, ㄷ, ㅂ/의 교육은 매우 중요하다. 종성에서의 오류는 비음 /ㄴ, ㅁ, ㅇ/ 간의 혼동으로 인한 대치가 60%를 차지한다. 비음의 오류 중에서 비중을 가장 크게 차지하는 음운은 /ㄴ/과 /ㅇ/이며, 이 오류는 일본어권 학습자들의 오류 중 약 84% 정도를 차지하기도 한다.
  - 거기에 갈 수 있는 밤법을 가르쳐 주세요. (→방법)
  - 그 가게는 우리 집 금처에 있어요. (→근처)
  - 밥을 많이 먹고 겅강해졌어요. (→건강해졌어요)

(6) 전체적으로 보면 초성에서의 음운 오류가 약 34%, 중성에서 약 45%, 종성에서 약 21%가 나타나는데 이는 결국 자음에서 약 55%, 모음

에서 약 45%의 오류가 나타난다고 볼 수 있다(이정희, 2003 참고).

(7) 외국어 학습에 있어서 완벽한 발음을 구사한다는 것은 거의 불가능한 일처럼 전제되어지고 있다. 특히 사춘기를 지난 성인의 경우는 더욱 그러하다. 언어학습에 있어 외국인 학습자가 문장의 구조적인 문법은 완벽히 구사하는 수준에 달하면서도 발음은 모국어 사용자처럼 정확히 할 수 없는 일에 대해 발음 교육은 물리적인 연습으로 향상시키려 하는 것보다는 인지적인 방법으로 접근할 필요가 있다. 또한 이 인지적인 발음 학습에서 무엇보다 중요한 것은 '제대로 듣는 일'이다.

■ 중급 및 고급 학습자의 오류 분석

(1) 중급, 고급 수준에서의 발음 교육

- 학습자의 인식 조사에도 나타났듯이 고급 단계의 학습자로 갈수록 발음에 대해 주의를 많이 기울이지만 교육 현장에서는 실제적인 발음 교육이 이루어지고 있지 못한 것이 사실이다. 이는 발음 교육에 대한 관심이 부족했다기보다는 발음 교육이 이론적으로도 어렵고 이를 적용시키는 교육 방법의 개발이 어려운 영역이기 때문일 것이다. 이는 단순히 한국어와 외국어의 발음 체계를 대조하는 것만으로는 실제적인 발음 교육이 되지 못하기 때문이다. 그러므로 세밀한 발음 방법과 효과적인 교수법의 개발 등이 절실하다고 볼 수 있다.
- 또한 중급과 고급 단계로 올라갈수록 발음에 대한 교육을 더욱 집중적으로 해야 함에도 불구하고 초급 단계에서 자음과 모음을 익힐 때만 집중적인 발음 교육을 하는 것이 교육 현장의 현실이다. 아무리 유창하게 한국어를 구사하더라도 발음이나 억양이 자연스럽지 못하면 학습자 자신도 만족하지 못한다. 효과적인 발음 교육을 위해

서는 한국어 음운의 정확한 조음 방식과 조음위치를 제시해야 하며 그 방법을 설명할 수 있어야 한다.
- 한국어 학습자가 한국어의 음운에서 가장 변별력을 갖지 못하는 자음은 경구개음 /ㅈ/, /ㅉ/, /ㅊ/이며 모음은 /ㅡ/, /ㅓ/와 /ㅗ/, /ㅜ/의 구별을 가장 어려워한다.

(2) 중급 학습자의 오류 분석

① 초성 오류
- 초성에서 나타난 오류를 살펴보면 음운의 대치(206회)가 가장 많고, 다른 음운에 비해 첨가의 유형이 초성에서 많이 나타남을 알 수 있다.
  • 같이 놀랐던 친구들이 (→ 놀았던)
- 또한 초성에서 /ㄴ/과 /ㄹ/이 누락되기도 한다.
  • 빨이 오세요. (→ 빨리)
- 종성 뒤에 연달아 나오는 초성 /ㄴ/을 탈락시키는 오류는 중급과 고급까지 이어지기도 한다.
  • 식당에 손임이 많습니다. (→ 손님)
- 초성 자음의 오류 중 가장 많이 나타나는 오류는 경구개 파찰음으로 /ㅈ/, /ㅉ/, /ㅊ/이다. 이 오류는 국적과는 별 관계없이 나타나는데 단, 일본어권 학습자들에게는 오류가 적게 나타난다.

② 중성 오류
- 중성에서의 오류는 다양하게 나타나지만 가장 많은 오류는 초급과 마찬가지로 /ㅓ/와 /ㅗ/, /ㅗ/와 /ㅜ/, /ㅜ/와 /ㅡ/를 구별하는 오류가 가장 많다(전체 중성 오류의 57% 차지).

③ 종성 오류
- 종성에서의 오류는 초급에 비해 두 배나 가까운 오류율을 보인다. 특히 받침에서의 자음 /ㄴ/과 /ㅇ/의 변별을 어려워하고, 유성 자음인 /ㄴ/, /ㄹ/과 /ㄴ, ㅁ/, /ㄴ, ㅁ/과 /ㅇ/의 변별 순으로 변별력이 떨어진다.
- 초급 단계 학습자의 경우에는 종성 /ㄴ, ㄹ, ㅁ, ㅇ/의 오류가 일본어권 학습자들에게 집중되는 경향이 있었으나 중급 단계에서는 국적과 관계없이 오류가 일어난다.
    • 비가 와서 너무 실만해요. (→실망해요).
- 또한 중급 단계에서의 종성 오류 중에는 /ㄴ/첨가가 많으며 친숙한 어휘에서도 발음 오류를 일으킨다.
    • 하난도 빼지 마세요. (→하나도)

(3) 고급 학습자의 오류 분석
- 초급, 중급에 비해 현저히 발음 오류가 줄어들며, 특히 중급 단계에 비해 거의 절반 수준으로 떨어진다.
- 그러나 한국어 음운의 조음 위치와 조음 방법에 대해 거의 정확하게 인지하고 있음에도 불구하고 실제 발음에서는 여전히 경구개음과 유성 자음에서 많은 오류를 일으킨다.

① 초성 오류
- 고급 학습자가 초성에서 가장 많이 일으키는 음운 오류는 경구개음인 /ㅈ/, /ㅉ/, /ㅊ/(35%), 치음인 /ㄷ/, /ㄸ/, /ㅌ/(18.3%)이다.
    • 아름다운 토시 (→도시)

② 중성 오류
- 조음 위치가 전혀 다른 모음의 대치는 확연히 줄어들지만 여전히 /ㅓ/와 /ㅗ/의 구별을 어려워하며 원순모음 /ㅗ/와 /ㅜ/의 구별도 어려워한다.
    • 내일 <u>일분</u>에서 친구가 와요. (→일본)
    • 나중에 <u>시굴</u>에서 살고 싶어요. (→시골)

③ 종성 오류
- 고급 단계에 이르러 종성의 오류는 진정되는 국면을 보이며 큰 비중을 차지하지는 않는다. 다만 치음 /ㄴ/을 연구개음 /ㅇ/으로 잘못 인식하여 비음 계열에 혼란이 있고, 치음 /ㄴ/을 양순음인 /ㅁ/으로 인식하는 경우가 있다.
    • <u>펑하게</u> 오세요. (→편하게)

■ 오류 분석과 발음 교육

(1) 오류 분석 결과의 활용

오류의 예방과 오류의 교정 대상을 정하는 데 활용되며 해당 항목의 교수를 강화하는 자료가 된다. 학습자의 빈번한 오류는 자료가 되어 1차적인 교정 대상이 되며, 한국어교재 집필이나 교육과정 개발에 중요한 참고 자료가 된다.

(2) 오류 교정의 방향

오류 교정은 학습자 스스로 자신의 언어를 점검할 수 있는 능력을 계

발해 주는 방향으로 이루어져야 한다.

① 직접적 피드백: 교사가 직접 오류를 고쳐주는 방식
② 간접적 피드백: 오류의 위치만 지적해주고 학습자 스스로 오류를 수정할 수 있도록 하는 방식
③ 오류 교정 시기: 전 교수 과정에서 이루어질 수 있으나 학습 활동의 유형, 학습자의 특성, 숙달도가 고려되어야 한다.

(3) 숙달도별 오류 교정 방향 제시

① 초급 단계
- 교사는 단순한 논평을 제공
- 언어권별 및 개인별로 특징적인 오류 유형을 찾아 지도
- 형식면의 피드백에 중점
- 직접적, 간접적 형태의 피드백을 적절하게 활용

② 중급 단계
- 심각한 오류 혹은 화석화되어 가는 오류를 교정
- 형식면 및 내용면도 피드백
- 회피 전략으로 과소 사용되는 표현을 찾아 지도
- 직접적, 간접적 형태의 피드백을 적절하게 활용

③ 고급 단계
- 정확성을 높이기 위해 문법적 오류 및 모국어 화자에게 어색한 오류까지 교정하도록 유도

- 형식 및 내용면의 오류를 적극적으로 지적하여 피드백

3.5. 대조적 오류 분석과 발음 교육

이 절에서는 학습자의 오류 분석을 언어권별로 살펴봄으로써 학습자의 모국어를 고려한 적절한 발음 교육 방안을 모색하는 데에 도움을 주고자 한다.

■ 대조 언어학과 발음 교육

언어권별 오류 분석을 교육에 활용하는 것은 기본적으로 대조언어학의 취지와 부합한다. 대조언어학(Contrastive Linguistics)은 두 개 또는 그 이상의 언어를 견주어 그들의 차이점과 공통점을 연구하는 언어학을 말한다. 제1언어인 모국어는 제2언어인 외국어를 배우는 데에 장애가 될 수 있다는 것이 대조 분석의 기본 전제였다.

예를 들어, 영어의 "passion"과 "fashion"이 우리말로는 둘 다 "패션"으로 표기된다. 즉 영어권과 한국어권의 음소가 다르므로 한국어권 화자가 영어를 배울 때 특히 "p"와 "f"의 발음상의 차이를 귀로 식별하고 입으로 발음하는 것을 잘 연습해야 하는 것이다. 즉 언어권별 학습자의 오류 분석 자료는 교사가 학습자에게 맞춤형 교육을 제공할 수 있는 토대 자료가 될 수 있다.

곧, 모국어와 학습의 대상이 되는 언어를 대조, 분석함으로써 학습자의 오류의 원인을 쉽게 인지할 수 있을 뿐 아니라 외국어 학습의 주 대상

이 무엇인지를 가려낼 수가 있다는 주장이었다. 따라서 대조 분석은 외국어 학습을 위한 교안 작성과 실제 훈련의 핵심이었다.

그러나 대조 분석의 가치에 대해, 언어의 오류는 반드시 모국어와 외국어의 차이에서 연유되지 않고 오히려 학습자의 학습 태도와 동기, 그리고 일반적인 언어 습득 능력에 기인한다는 주장도 있었다. 그러나 언어권별 차이가 언어 학습에 전혀 무관할 수는 없으므로 대조언어학에서 연구된 자료를 잘 활용하는 것이 언어 교육에 많은 도움을 줄 수 있다고 생각한다.

언어권별로 차이 나는 점을 염두에 둔 언어 단위별 유의 사항을 몇 개만 정리해보면 다음과 같다.

- 음성: 한국어와 영어에 폐쇄음이 있다는 것은 동일하지만 조음점의 위치와 조음방법에 차이가 있다. 영어에서 단어 중간에 나타나는 [t]의 경우, 악센트 없는 모음이 이어지면 유성화되거나 [r]로 변하므로 한국어 모어 화자가 'water, printer'의 [t] 발음을 하기 어렵다. 반면에 영어 모어 화자가 한국어의 'k, p, t' 발음을 유성화음화하기 쉽다. 그래서 그 발음이 자연스럽지 않을 수 있다.
- 음운: 일본어는 한국어에 비해 음운의 수가 적으므로 일본어 화자는 한국어 발음을 제대로 하기 위해 새로운 모음 음가를 습득해야 한다. 한국어 자음의 평음, 격음, 경음 구분을 구분한다. 한국어의 파열음은 기식성과 긴장성에 의한 격음과 경음이 있기 때문이다. 그러므로 이를 구분하여 발음하는 것이 매우 중요한데 영어에도 유기성의 음이 있으나, 변별성을 지니는 것이 아니라서 이 발음을 어려워한다.
  예) 기 - 키 - 끼 / 달 - 탈 - 딸 / 불 - 풀 - 뿔 /
  　　자다 - 차다 - 짜다 / 사다 - 싸다

영어의 마찰음 수는 한국어에 비해 많고 종류도 다양하다. 이에 비해 한국어는 위에서 본 것처럼 파열음이 많다. 한국어 모어 화자가 영어를 잘 배우기 위해서는 마찰음의 속성을 잘 알고 이에 익숙해져야 하고, 한국어를 배우는 영어 모어 화자는 파열음의 속성을 잘 알고 훈련을 해야 한다.

- 음절구조: 한국어에는 어두에 자음이 한 개만 올 수 있지만 영어는 어두에 자음이 3개까지 올 수 있다. 그래서 한국어 화자가 파악하는 한국어 '스트라이크'의 음절 수(5음절)와 영어 화자가 파악하는 영어 'strike'의 음절 수(1음절)가 다르다. 영어 'spring'을 발음할 때, 영어 화자는 'CCCVC' (1음절)로, 한국어 화자는 'CVCVCVC'(3음절)로, 일본어 화자는 'CVCVCVCCV'(4음절)로 발음하기 쉽다. 일본어의 음절 구조는 열린 음절 구조 '모음-자음-모음'이고 영어와 한국어의 닫힌 음절 구조, '모음-자음'이다.
- 음운 체계, 변이음뿐만 아니라 음절 구조 및 초분절 음소에 대해서도 언어권별 사실을 알아두면 좋을 것이다. 모음의 길이, 강약, 성조 등 어떤 초분절 요소가 음소로서 작용하는가에 대한 언어권의 초분절 음소 정보가 중요하다. 한국어, 일본어에서는 장단(長短)이 초분절 음소로서 기능하는 반면 영어에서는 강세(强勢)가 초분절 음소로서 기능하고 중국어에서는 성조가 초분절 음소로서 기능한다.

■ 각 언어권 학습자가 어려워하는 발음

(1) 영어권 학습자가 어려워하는 발음
- 자음 중에서 폐쇄음이 어두에 올 때 '평음, 경음, 격음'을 구별해서

발음하고 듣는 것을 어려워한다. 이는 평음/격음, 평음/경음, 격음/경음 등으로 묶어서 개별적으로 발음하는 훈련과 듣고 구별하는 훈련을 하는 것이 바람직하다. 파찰음에서도 같은 현상이 나타나고 있는데, 한국어에서 'ㅈ/ㅊ/ㅉ'이 어두가 오는 경우의 예를 모아서 'ㅈ/ㅊ', 'ㅈ/ㅉ', 'ㅊ/ㅉ'으로 묶어서 개별적으로 훈련시킨다. 유음인 /ㄹ/의 경우는 환경에 따라서 다양한 변이음이 나타나므로, 각 변이음이 나타나는 환경의 예를 모아 집중적으로 지도한다.
- 모음에서는 'ㅓ/ㅗ', 'ㅚ/ㅟ'의 구별과 'ㅡ', 'ㅢ'의 발음을 어려워하므로 구별이 잘 안 되는 모음은 각각의 보기를 많이 모아 연습시키되 입술의 모양, 혀의 위치, 혀의 움직임 등을 확인시키며 지도하도록 해야 한다.

• 영어권 학습자들의 잦은 오류 유형
① 평음, 경음, 격음을 구별하여 인식하지도 못하고 발음하기 어려워한다.
   • 시난[지난], 짐수[침수], 좀[촘], 길[칠], 비보[피보], 부부[푸부], 달[탈], 다리[타리]
② 모음 앞의 /ㅅ/을 /ㅆ/으로 발음한다.
   • '사랑' (→'싸랑')
③ /ㄴ/이 연이어 나올 때 /ㄴㄴ/중 /ㄴ/ 하나를 생략하여 발음한다.
   • '안녕'을 [아녕]처럼 발음함.
④ 음절 말의 'ㄹ'을 영어의 '어두음[l]'로 발음한다.
⑤ /ㄹ/이 연이어 나올 때 /ㄹㄹ/중 /ㄹ/ 하나를 생략하여 발음한다.
   • '달라'를 [다라]처럼 발음함.

⑥ /ㅓ/를 /ㅗ/처럼 발음한다.
- '어서'의 'ㅓ'를 분명히 발음하지 못하고 '오소'처럼 발음함.

⑦ /ㅡ/를 잘 발음하지 못하고, 가끔 /ㅜ/ 비슷하게 발음하는 경우도 있다.
- '으뜸'을 잘 발음하지 못하며 '우뜸'으로 발음하는 경우도 있음.

⑧ /ㅡ/ 발음을 잘 못하기 때문에 이중모음 /ㅢ/ 발음 역시 잘하지 못한다.
- '의사'의 'ㅢ'를 잘 발음하지 못함.

(2) 일본어권 학습자가 어려워하는 발음

- 자음부분에서는 상관쌍의 차이로 인해 일본어권 학습자의 경우 발음에 어려움을 겪게 된다. 예를 들어, 한국어는 삼지적 상관쌍으로 이루어져 있는데 일본어는 이지적으로 되어 있어서 음의 구별에 상당한 어려움을 겪게 된다. 주로 음운의 수가 적은 언어권 화자가 음운의 수가 많은 언어를 학습할 때 나타나는 현상이다.
  - 토끼[도끼], 피리[비리], 채소[재소], 근처[근저], 지도[치도], 지갑[치갑], 도시[토시]

- 모음의 경우 일본어에 없는 /어/와 /오/의 구별이 매우 어려운 과제가 된다. /어/와 /오/의 구별을 위해서 /어/와 /오/의 턱 높이 즉, 개구도를 생각해볼 필요가 있다. /어/의 경우 /오/에 비해서 턱 높이가 약간 낮으므로 이러한 구별을 분명하게 해 주는 것이다. 즉 /어/를 발음할 때 /아/를 발음하는 턱 높이에서 /오/를 발음하도록 유도하면 /어/와 유사한 음을 얻을 수 있고 /오/와의 구별도 가능하게 된다. /오/의 경우는 원순 모음이므로 입 모양에 주의하도록 한다.

- 또한 /으/와 /우/도 구별이 어려운 발음이다. 일본어의 음은 /우/에 가깝지만 /우/와 /으/의 중간 발음이라도 해도 무방할 정도이다. 따라서 /으/를 발음할 때는 의도적으로 입술을 양옆으로 벌리게 하고, /우/를 발음할 때는 원순 모음이므로 입술을 둥그렇게 한다는 점을 강조해 주면 음의 구별이 가능해진다.

• 일본어권 학습자들의 잦은 오류 유형
① 평음, 경음, 격음을 구별하여 인식하지도 못하고 발음하지도 못한다(특히 음절 초에서).
② 음절 초에서 평음과 격음을 잘 구별하지 못한다.
③ 음절 말 폐쇄음 /ㄱ,ㄷ,ㅂ/를 개음절화하여 발음한다.
   • '밥과'에서의 'ㅂ' 뒤에 모음 'ㅡ'와 비슷한 발음을 첨가하여 '바브과'처럼 발음됨.
④ 'ㅅ'을 모음 사이에서 유성음화하여 발음한다.
⑤ /ㅎ/을 유성음 사이에서도 약화시켜 발음하지 않는다.
   • '전화'에서의 /ㅎ/도 강한 기식이 농반된 'ㅎ'으로 발음함.
⑥ 음절 초의 /ㅈ/을 유성음으로 발음한다.
   • '자식'에서의 'ㅈ'을 '가자'에서의 'ㅈ'처럼 유성음으로 발음함.
⑦ 모음 '우' 앞의 /ㄴ/을 /ㄷ/으로 발음하는 경향이 있다.
   • '눈'을 '둔'으로 발음함.
⑧ 받침에 쓰이는 /ㄴ,ㅁ,ㅇ/ 발음을 잘하지 못한다.
⑨ /ㅐ/ 발음을 /ㅔ/에 더 가깝게 발음한다.
⑩ 'ㅢ' 모음을 잘 발음하지 못한다.
   • '의사'에서의 'ㅢ'를 이중모음으로 정확하게 발음하지 못함.

⑪ 유음화를 잘 적용하지 못한다.
- '논리'를 [놀리]가 아닌 [논리]로 발음함.

⑫ 모음 간의 'ㅇ'을 'ㄱ'으로 발음하는 경향이 있다.
- '잉어'를 '이거'로 발음함.

(3) 중국어권 학습자가 어려워하는 발음
- 학생들의 수준이나 중국어를 설명 언어로 사용할지의 여부 등을 잘 고려하여 교육 방법을 결정하여야 한다.
- 모음도, 구강도, 음파도 등을 미리 준비하여 살펴보고 발음 위치, 발음 방법, 입의 모양 및 구획별 발음에 대해 이해할 수 있어야 한다. 가장 효과적인 발음 연습 방법을 개발하기 위해서는 교사의 음성학적 지식이 필수적이다.

• 중국어권 학습자들의 잦은 오류 유형

① 경음 발음을 잘 못한다.
- '빨대'를 '발대' 혹은 '팔대'처럼 발음함.

② 무성 자음이 유성음화 환경에 있어도 무성음으로 발음한다.
- '방법'에서의 뒤의 유성 'ㅂ'을 앞의 무성 'ㅂ'처럼 발음함.

③ 'ㅅ'를 'ㅆ'처럼 발음한다.
- '살'을 '쌀'처럼 발음함.

④ 'ㅡ'모음이 아닌 모음 앞에서 'ㄹ'을 'ㅡ'모음 앞에서의 'ㅎ'처럼 발음한다.
- '하나'에서의 'ㅎ'을 '흙'에서의 'ㅎ'처럼 발음함.

⑤ 'ㅈ'와 'ㅊ'을 잘 구별하지 못한다.

- '자'와 '차'를 잘 구분하여 발음하지 못함.
⑥ '자, 져, 죠, 쥬, 차, 쳐, 쵸, 츄'에서의 모음을 모두 이중모음으로 발음한다.
- '가져'를 [가저]로 발음하지 않고 [가져]로 발음함.
⑦ 구개음화된 'ㄴ'을 보통의 'ㄴ'처럼 발음한다.
- '가냐'에서의 'ㄴ'을 [ɲ]로 발음하지 않고 [n]으로 발음함.
⑧ 탄설음 'ㄹ'을 설측음 [l]로 발음한다.
- '라면'에서의 'ㄹ'을 [l]로 발음함.
⑨ '으'를 잘 발음하지 못한다.
- '으뜸'을 분명하게 발음하지 못하여 '으뜸'과 '어떰'의 중간 정도로 발음함.
⑩ 'ㅗ'와 'ㅓ'를 개별적으로도 잘 발음하지 못하고 구분하지 못한다.
- '오소-어서', '이소-오서'를 분명하게 구분하여 발음하지 못함.
⑪ 'ㅢ'를 잘 발음하지 못한다(단모음 '으'가 어려우므로 파생되는 문제).
- '의사'를 잘 발음하지 못함.
⑫ 한국어에서 비표준적인 자음 동화의 발음을 자연스럽게 한다.
- '문법', '한국'에서의 '문', '한'을 [뭄], [항]으로 발음함.
⑬ 유음화를 잘 적용하지 못한다.
- '신라'를 [신라]로 발음함.
⑭ 비음화를 잘 적용하지 못한다.
- '종로'를 [종로]로 발음함.
⑮ 폐쇄음 음가를 가진 받침 자음 뒤의 평음을 경음으로 발음하지 않

는다.
- '늑대'에서의 '대'를 [때]로 발음하지 않고 '대전'에서의 '대'처럼 원래의 무성 파열음으로 발음함.

⑯ 음절 연음에 익숙하지 않다.
- '밥을'을 [바블]로 자연스럽게 이어 발음하지 않고 부자연스럽게 절음하여 발음하거나 '옷이'를 [온-이]처럼 발음함.

- 중국어권 학습자들이 어려워하는 발음과 그 이유

① 중국어권 학습자들이 가장 어려움을 느끼는 한국어의 모음 'ㅡ'와 이중모음 'ㅢ', 또한 'ㅗ'와 'ㅓ'의 발음도 잘 하지 못하는데 이는 중국어에는 이들 모음과 비슷한 모음이 존재하지 않기 때문이다.

② 중국어권 학습자들에게는 평음 /ㄱ, ㄷ, ㅂ, ㅈ/와 경음 /ㄲ, ㄸ, ㅃ, ㅉ/, /ㅅ/와 /ㅆ/의 구별이 어려운데 중국어에는 평음인 /ㄱ, ㄷ, ㅂ, ㅈ/가 존재하지 않기 때문이다.

③ 한국어 유음 /ㄹ/의 변이음인 설측음 /ㄴ/[l]의 발음은 모국어와 비슷하여 크게 어렵지 않으나 /ㄹ/의 또 다른 변이음인 탄설음 /ɾ/의 음소 발음은 어렵다.

④ 종성에 위치하는 /ㄴ/[n]과 /ㅇ/[ŋ]를 제외한 받침들은 발음하기가 어렵다.

■ 언어적 전이와 언어내 간섭

이 절에서 살펴본 것은 주로 대조언어학적 관점에서 발생할 수 있는 오류에 관한 것이었다. 그런데 학습자의 모국어 영향에 의한 오류와는 달리 한국어 학습 과정에서 학습가가 익힌 내용 내에서 잘못 유추함으로써 오류가 나타나기도 한다. 전체적으로 보면 하나를 배워 또 하나를 유추하며 학습하는 것이 당연한 것으로, 이러한 것을 언어적 전이라고 한다.

- 언어적 전이(轉移)(Linguistic Transfer)란 화자나 학습자가 모국어의 언어 규칙이나 정보를 제2언어의 사용에도 사용하는 것을 말함. 긍정적 전이(positive transfer)와 부정적 전이(negative transfer)의 두 유형이 있는데 특히 부정적 전이를 간섭(interference)이라고 함.

제2언어를 학습할 때 잘못된 유추에 의한 부정적 전이, 즉 간섭 현상이 일어나는 것이 하나의 오류가 되므로 이 점에 대해서도 잘 알고 발음 교육을 하면 좋을 것이다. 간섭에는 언어 간 간섭과 언어 내 간섭이 있는데 이 중 언어 간 간섭은 앞에서 살핀 언어 간 대조분석에 의한 오류에 해당한다. 여기서는 언어 내 간섭만 설명하기로 한다.

- 언어 내 간섭: 학습자가 학습한 제2언어의 어떤 요소를 새로 학습할 내용에도 적용함으로써 일어난다. 이것을 과잉 일반화라고도 한다.
  • 날씨가 춥어요. (→ 추워요) / 덥어요. (→ 더워요)
  (한국어 학습자가 '가요, 먹어요'와 같이 한국어의 예사 높임 종결법 '-아/어요' 표현을 배운 뒤, '덥다'에도 그대로 적용하여 '덥어요'라고 말함. 이것은 어법과 관련된 예이면서 동시에 음운과 관련된다.)

이상과 같이 이 절에서는 발음 교육을 할 때 학습자들이 다양하게 보이는 오류들을 살펴 보았다. 발음 교육을 할 때 이러한 내용을 함께 염두에 두고 접근하면, 다양한 학습 성취를 보이면 학습자를 잘 분석하며 교육에 임할 수 있을 것이다. 그런데 언어권별 오류에 대해 과일반화하여 선입견을 갖는 것은 금물이다. 학습자에 따라 매우 다르게 나타나는 현상이라고 생각해야 할 것이다.

4장 발음 교육 실습

이 절에서는 발음 교육 실습에 대한 내용을 기술하기로 한다. 앞 장에서는 음운론과 발음 교육론 이론을 다루었다. 이를 토대로 하여 실제 교육 현장에서 어떤 한국어 학습 지도자가 될 것인지를 생각해 보기로 한다.

4.1. 모음과 자음 발음 교육

한국어 학습자들이 처음 한국어를 배울 때, 가장 먼저 한글 문자와 음가를 익힐 수 있도록 지도해야 한다. 모음은 단독으로 음가가 날 수 있으므로 모음 먼저 배우고, 모음과 함께 자음을 배우는 것이 좋다.

한국어 학습자가 이해도가 높은 성인인지, 아니면 아동인지, 혹은 한국어 의사소통이 어느 정도 되는 사람인지에 따라 가르치는 내용과 방식이 달라야 한다. 그런데 이 책에서는 완전 초보자 한국어 학습자를 대상으로 하는 발음 교육 실습에 대해 생각하기로 한다.

한국어 학습의 첫 단계에 해당하는 교재의 첫 부분에는 한국어에서 사용하는 모음과 자음표가 통으로 제시되어 있는 것이 보통이다. 이런 교재에서는 이 모음과 자음을 어떻게 학습 분량을 구분하고 어떤 순서로 가르칠지에 대한 안내가 나와 있지 않다. 그러나 이 단계가 매우 중요하므로 교사는 발음 교육론에 대한 정보를 확실하게 가지고 교육에 임해야 할 것이다.

다음에서 모음 학습과 자음 학습을 나누어 제시할 것이지만, 전체 교육 순서로 놓고 보면 기본 모음을 먼저 가르치고 자음을 가르치고 다시 이중모음을 가르치는 순서로 진행하는 것이 좋을 것이다. 성절성이 있는 모음, 즉 홀로 소리 날 수 있는 모음을 먼저 교육하고 겹모음이나 겹자음보다 단모음이나 홑자음을 먼저 교육하는 것이 학습에 효과적이다.

또한 초급 단계에서 모음에는 세계 공용 음성 부호인 'a, e, i, o, u'를 도입하고, 자음에는 '기역, 니은' 같은 이름보다는 '그, 느, 드' 또는 '가, 나, 다'와 같은 소리를 동원하여 한국어의 자음과 모음을 이해시키는 것이 좋을 것이다.

그리고 '모음, 자음'이라는 개념을 충분히 이해하고 있는 학습자들도 있지만 언어권에 따라서는 말소리를 모음과 자음으로 나눠 생각하는 습관이 없을 수도 있다. 따라서 '모음, 자음'이라는 말의 뜻을 개념으로는 알고 있어도 실감하지 못할 수도 있다. 그러므로 언어학적으로 모음과 자음의 차이를 이해시키려 애쓰기보다는 글자와 정확한 소리값을 이해하고 발음할 수 있도록 하는 데에 힘을 기울이는 것이 좋다.

■ 모음 학습 순서와 지도 방법

한국어의 모음은 단모음 11글자, 겹모음 16글자이다. 그런데 단모음 11글자는 현재 음가가 많이 변화되어 있어서, 'ㅚ, ㅟ'의 현실음은 이중모음이다. 표준발음법 2장 4항에는 단모음 11글자를 제시하고 4항 [붙임]에 "'ㅚ, ㅟ'는 이중모음으로 발음할 수 있다."라고 제시하고 있다. 또한 단모음 중 'ㅐ'와 'ㅔ'는 음가가 매우 흡사하다. 단어 표기에는 구분하여 쓰지만 음가로는 비슷하여 굳이 그 음가를 정확히 발음 시키려 애쓰지 말고 이 두 모음을 한꺼번에 가르치는 것이 좋다. 이렇게 보면, 한국어 학습자에게 가르쳐야 할 단모음은 다음과 같다.

한국어 단모음							
글자	ㅏ	ㅓ	ㅗ	ㅜ	ㅡ	ㅣ	ㅔ/ㅐ
[발음]	[a]	[ə, ʌ]	[o]	[u]	[i]	[i]	[e]/[ɛ]
로마자 표기	a	eo	o	u	eu	i	e/ae

각 단모음 아래에 외국인의 이해를 돕기 위해 국제음성기호를 이용한 발음 표기, 그리고 로마자 표기를 해 두었다. 위 단모음을 가르칠 때 서로 대립적으로 대비되는 소리 쌍으로 묶어서 학습 구분을 하면 좋을 것이다. 글자를 보이면서 교사의 발음을 듣고 따라 하게 하여 두 발음에 차이가 있다는 사실을 청각적으로 인식시킨다. 차례로 예를 보이면 다음과 같다.

(1) 아 / 어

① '아' 발음을 교사가 하며 글자를 보여준다(판서나 글자 카드). '아'

모음은 입을 크게 벌리고 턱이 아래로 내려가 있는 상태에서 나는 소리다.

② '아' 발음 상태에서 이어서 '어'을 발음한다. '아' 상태에서 턱만 조금 올린다. 이 때 입술을 둥글게 내밀면 안 된다. 일본어권 학습자는 '어'를 '오'처럼 발음하기 쉬우므로 주의하여 학습자가 음가를 잘 이해하고 잘 발음하는지를 파악하며 지도한다.

(2) 오 / 우

① '어' 상태에서 입술을 앞으로 내밀며 '오'를 발음한다. 입술이 동그란 모양이 된다. '어'와 '오'를 연달아 소리 내게 하여 조음 동작의 차이를 느끼게 한다.

② '오'보다 턱을 올리고 두 입술을 더 앞으로 내밀며 '우'를 발음한다. '오'와 '우'를 연달아 소리 내게 하여 조음 동작의 차이를 느끼게 한다.

(3) 으

① '우' 발음 상태에서 입술을 내밀지 않고 옆으로 평평하게 하여 '으' 발음을 한다.

② '우'와 '으'를 연달아 소리 내게 하여 조음 동작의 차이를 느끼게 한다.

(4) 이 / 에(애)

① 입을 적게 벌려 '이' 발음을 한다. '이' 발음은 '아' 발음처럼 세계 보편적인 발음이다.

② '이' 발음 상태에서 입을 더 벌리되 '아'만큼 벌리지 않고 '에/애' 발음을 낸다. '이', '에/애', '아'를 연달아 소리 내게 하여 발음 위치의 차이, 즉 혀 높이의 차이를 느끼게 한다.

모음 학습 후에 적절한 평가 문항을 풀게 함으로써 학습자 본인이 잘 이해하고 있는지를 스스로 확인하게 하면 좋다. 예를 들어 다음과 같은 활동을 할 수 있다.

• 단모음 가운데 발음이 비슷하게 느껴져서 서로 혼동하기 쉬운 것끼리 대립쌍을 만들어 중점적으로 연습시킨다.

① /ㅓ/와 /ㅗ/가 들어간 최소 대립어를 제시하고 학생들에게 인지하게 한후 다음과 같은 문제 풀이 활동을 한다.
  예1) "잘 듣고 소리가 같으면 ㅇ, 다르면 X표 하세요.
    (1) (   ) (2) (   ) (3) (   ) (4) (   ) (5) (   )
  예2) 들은 소리에 ㅇ표 하세요.
    (1) 어 오 (2) 거 고 (3) 더 도 (4) 버 보 (5) 서 소
    (6) 저 조 (7) 커 코 (8) 퍼 포 (9) 머 모 (10) 허 호

② /ㅓ/와 /ㅗ/ 발음을 구분하는지 알기 위해 다음과 같은 문제 풀이 활동을 한다.
  예1) 다음은 [어]와 [오]를 구별하기 위한 연습입니다. 잘 듣고 따라 해 보세요.
    (1) 억 옥 (2) 벌 볼 (3) 먹 목 (4) 설 솔 (5) 거기 고기
    (6) 머리 몰이 (7) 서리 소리 (8) 저리 조리 (9) 커피 코피
    (10) 거르면 고르면
  예2) 다음은 [어]가 들어 있는 단어 연습입니다. 잘 듣고 따라해 보세요.
    (1) 어디 어머니 어서 어제 지어요
    (2) 너무 머리 아주머니
    (3) 거기 더 서명 그래서 저금 아저씨
    (4) 처음 커피 터 허리
    (5) 껌 기뻐요 써요 어쩌면
  예3) 다음은 [오]가 있는 단어 연습입니다. 잘 듣고 따라해 보세요.
    (1) 오늘 오리 오빠 오후 라디오 기온
    (2) 노래 피아노 바로 모기 모레 모자
    (3) 고기 냉장고 도시 소리 주소 조금

> (4) 코 토요일 포도 포장 호기심 호랑이
> (5) 꼬리 또 뽀뽀
>
> ※ 위 문제들은 모음과 자음, 받침까지를 다 학습한 후 풀 수 있는 문제이다.
> ※ 위 문제들을 제시할 때, 단어 예에 모음 색을 달리하여 제시하면 좋다.

다음으로, 겹모음 글자는 다음과 같은 것이 있다. 원래 이중모음으로 발음되는 것 11개와 단모음이던 것이 이중모음으로 발음되는 2개를 합쳐 모두 13개이다.

한국어 겹모음													
글자	ㅑ	ㅒ	ㅕ	ㅖ	ㅛ	ㅠ	ㅘ	ㅙ	ㅝ	ㅞ	ㅢ	ㅚ	ㅟ
[발음]	ja	jɛ	jə / jʌ	je	jo	ju	wa	wɛ	wʌ	we	ij	we	wi
로마자 표기	ya	yae	yeo	ye	yo	yu	wa	wae	wo	we	ui	oe	wi

기본적으로 겹모음은 발음되는 동안 입술 모양이 바뀌어 소리 난다는 데에 초점이 있으므로 이를 잘 보여 주면서 발음 지도를 하면 될 것이다. 서로 대비적으로 발음의 인지를 보여 주는 쌍을 한꺼번에 학습 내용으로 삼아 고빈도의 적절한 예를 들어 이해하도록 지도하면 될 것이다.

한국어의 모음을 지도할 때 음가와 관련된 다음 사항을 참고하면 좋을 것이다.

① 단모음 가운데 'ㅐ, ㅔ'는 젊은 층의 한국어 화자들도 정확하게 구별해서 발음하는 경우가 적을 정도로 거의 통합된 상태이다. 모음 'ㅐ,

ㅔ'에 대하여 외국어로서의 한국어 교육에서 지나치게 강조하는 것은 바람직하지 않으나, 현실적으로 구별이 잘 안 되는 발음이라고 해서 완전히 무시하고 안 가르쳐서는 안 될 것이다. 한국어 음운체계 안에 엄연히 존재하는 음소이므로 기본적인 발음 지침은 설명한다.

② 이중모음 가운데 'ㅚ/ㅙ/ㅞ'는 한국어 화자들도 일상 발음에서 거의 변별하지 못하는 음이므로 외국어로서의 한국어 교육에서 지나치게 강조하지 않는다.

③ 한국어의 /ㅢ/는 환경에 따라 세 가지 변이음이 나타난다. 그 중에서 첫 음절에서 자음이 앞서지 않으면 이중모음으로 발음되는데 바로 이 발음을 어려워하는 학습자가 많다. 이중모음 /ㅢ/를 발음할 때는 모음 /ㅡ/와 /ㅣ/를 연이어 발음하되 /ㅡ/는 매우 짧게 발음한다. 그리고 자음을 첫소리로 가지는 음절의 'ㅢ'(예: 희망, 무늬, 띄어쓰기)와 둘째 음절 이하(예: 강의, 회의)에서는 [i]로 발음되며, 소유격 조사 '의'로 쓰일 때는 '우리의 소원'과 같은 [에]로 발음된다는 사실도 점차적으로 함께 지도해야 한다. '의' 발음의 변화 상태를 학습하는 것은 표준한국어 교육과정의 2등급 단계에서 행해지게 되어 있다.

■ 자음 학습 순서와 지도 방법

초급 단계에서 자음을 가르칠 때, '기역, 니은'과 같은 자음의 이름을 가르칠 필요는 없다. 한글 자음의 이름은 고급 단계에서 한글에 대한 전문적인 내용 읽기에서 제시될 수 있다. 그 전 단계에서 학습자들에게 한글 자음의 이름을 익혀 외우게 할 필요는 없으되, 편의상 수업을 진행할 때 지시어로 노출시킬 수는 있다(예) 기역을 보세요. 니은을 보세요).

한국어에는 14개의 홑자음과 5개의 겹자음이 있다. 한글맞춤법 4장에는 한글 자음은 14개라고 제시되어 있으며 [붙임1]에서 5개의 겹자음을 제시하고 있다. 이를 제시하면 다음과 같다.

한국어의 자음														
홑자음	ㄱ	ㄴ	ㄷ	ㄹ	ㅁ	ㅂ	ㅅ	ㅇ	ㅈ	ㅊ	ㅋ	ㅌ	ㅍ	ㅎ
[발음]	k	n	t	l	m	p	s	ŋ	c	c^h	k^h	t^h	p^h	h
겹자음	ㄲ			ㄸ			ㅃ			ㅆ			ㅉ		
[발음]	k'			t'			p'			s'			c'		

위 표에서 발음 기호는 국제음성부호를 사용한 것이며 대표음 발음만을 적어 놓았다. 국제음성부호의 소리 값은 영어 알파벳의 소리 값과 다른 점이 있으므로 유의해야 한다. [k], [t], [p]는 각각 평음의 /ㄱ/, /ㄷ/, /ㅂ/ 소리임을 나타내는 국제음성부호이다. 영어 발음으로 생각하면 /ㅋ/, /ㅌ/, /ㅍ/로 오해할 수 있으니, 유념해야 한다. 'ㅋ, ㅌ, ㅍ'의 음가는 위 표에서와 같이 기식성을 나타내는 위첨자 'h'를 써서 나타낸다. 또한 경음에 대해서는 평음 부호에 경음을 나타내는 ' ' '를 써서 나타낸다.

위 자음들을 어떤 순서로 지도하는가는 이견이 다소 있을 수 있다. 난이도를 생각한다면 단일한 음가로 구성된 기본 홑자음부터 가르치고 경음과 격음은 나중에 가르치는 것이 좋을 수도 있다. 그런데 한국어를 배울 때 어려운 발음 중 하나가 평음, 경음, 격음의 구분이라 아예 이 세 종류를 함께 가르쳐서 그 대비적 특징을 이해하게 하는 것도 좋다. 여기서는 후자의 방식으로 제시해 보기로 한다. 그리고 자음 체계에서 파열음, 마찰음, 파찰음, 비음, 유음의 순서로 접근하기로 한다. 이 순서를 따르는 데에 특별한 이유는 없으며 자음 체계 표에서 소리 나는 방식의 순서대로 정한 것이다. 참고로 자음 체계를 다시 그리고 학습 지도를 하는 순서를 제시해 보면 다음과 같다.

조음점 조음방식	양순음	치조음	경구개음	연구개음	성문음	
폐쇄음 (파열음)	ㅂ[p] ㅍ[pʰ] ㅃ[p']	ㄷ[t] ㅌ[tʰ] ㄸ[t']		ㄱ[k] ㅋ[kʰ] ㄲ[k']		→ 1
마찰음		ㅅ[s] ㅆ[s']			ㅎ[h]	→ 3
파찰음			ㅈ[c] ㅊ[cʰ] ㅉ[c']			→ 2
비음	ㅁ[m]	ㄴ[n]		ㅇ[n]		→ 4
설측음		ㄹ[l]				→ 5

자음 체계에 표시한 순서대로 하되, 여기에서는 더 세분하여 제시할 셈을 제시하기로 한다. 자음은 단독으로는 음가를 가지지 못하므로 가장 기본 모음인 'ㅏ'를 붙여서 학습하는 것이 좋다.

(1) 바 – 빠

① 두 입술을 붙인 상태에서 '아' 발음을 내기 위해 입을 열면 '바' 소리가 된다.

② '바'를 발음할 때보다 두 입술에 힘이 더 들어가면 '빠'가 발음된다.

③ '바'와 '빠'의 차이를 잘 이해하기 위해 기름종이를 이용하면 좋다. 두 입술에 립스틱을 바르고 기름종이를 입에 물고 '바'를 발음하고, 다시

'빠'를 발음하여 두 기름종이를 비교해보면, '바'보다 '빠'를 발음할 때 훨씬 더 진한 입술 자국이 남는 것을 보게 된다.

④ 또한 평음 '바'에 비해 경음 '빠'는 소리 높이가 더 높다. 도형적으로 칠판에 '바'를 쓰고 그보다 높은 위치에 '빠'를 쓰면 학습자들이 이해하며 더 잘 따라 하게 된다.

⑤ 음가를 이해하며 몇 번 연습한 후 "바빠요, 바빠."와 같은 문장으로 더 연습하게 한다.

(2) 다 – 따

① 혀의 앞부분을 넓게 윗잇몸 부위에 댄 상태에서 '아' 발음을 내기 위해 입을 더 벌리면 '다' 소리가 된다.

② '바'를 발음할 때보다 혀 부위가 더 넓게 더 밀착하게 윗잇몸 부위에 대었다가 떼면서 '아' 발음을 하면 '따' 소리가 된다.

③ '바-빠'와 마찬가지로 '다'보다 '따' 음의 높이가 높음을 알려 준다.

④ 음가를 이해하며 몇 번 연습한 후 "다 따요, 다 따."와 같은 문장으로 더 연습하게 한다.

(3) 가 – 까

① 혀의 옆부분을 양 어금니 부위에 살짝 밀착했다가 '아' 발음을 내면 연구개 부위에서 '가' 발음이 난다.

② 혀의 옆부분을 양 어금니 부위에 힘을 주어 밀착했다가 '아' 발음을 내면 연구개 부위에서 '까' 발음이 난다.

③ '바-빠'와 마찬가지로 '가'보다 '까' 음의 높이가 높음을 알려 준다.

④ 음가를 이해하며 몇 번 연습한 후 "가까이 와요."와 같은 문장으로 더 연습하게 한다.

(4) 바 – 파

① '바'를 이미 학습했으므로 '바'에 비해 바람이 더 많이 나오는 소리임을 발음하면서 보여준다.

② 이 상황을 보여주기 위해 얇은 미용 화장지를 이용하여 발음하는 사람의 입 앞에 대고 '바'와 '파'를 각각 발음하여 바람의 세기로 흔들리는 차이를 보여준다. '바'를 발음할 때에는 별로 흔들리지 않던 화장지가 '파'를 발음할 때에는 많이 흔들린다. 발음을 하면서 학습자 자신의 손바닥을 입 앞에 대고 바람의 세기를 느껴보게 하는 것도 좋다.

③ '바-빠'와 마찬가지로 '바'보다 '파' 음의 높이가 높음을 알려 준다.

④ 음가를 이해하며 몇 번 연습한 후 "비 피해요, 비 피해."와 같은 문장으로 더 연습하게 한다.

(5) 다 - 타

① '다'를 이미 학습했으므로 '다'에 비해 바람이 더 많이 나오는 소리임을 발음하면서 보여준다.

② 위의 '바-파' 학습에서와 같이 얇은 화장지와 손바닥을 이용하여 바람의 세기를 느껴 보게 한다.

③ '바-빠'와 마찬가지로 '다'보다 '타' 음의 높이가 높음을 알려 준다.

④ 음가를 이해하며 몇 번 연습한 후 "다 타요, 다 타."와 같은 문장으로 더 연습하게 한다.

(6) 가 - 카

① '가'를 이미 학습했으므로 '가'에 비해 바람이 더 많이 나오는 소리임을 발음하면서 보여준다.

② 위의 '바-파' 학습에서와 같이 얇은 화장지와 손바닥을 이용하여 바람의 세기를 느껴 보게 한다.

③ '바-빠'와 마찬가지로 '가'보다 '카' 음의 높이가 높음을 알려 준다.

④ 음가를 이해하며 몇 번 연습한 후 "카카오가 다 타요."와 같은 문장으로 더 연습하게 한다.

(7) 자 - 짜 - 차

① 혀의 옆부분을 양 어금니 부위에 밀착했다가 '아' 발음을 내면 경구개 부위에서 '자' 발음이 난다. '가' 발음이 더 목구멍 쪽, 즉 연구개에서 나는 반면, '자' 발음은 '가'보다 앞 부위에서 난다. '가'가 폐쇄되었다가 입안이 한 꺼번에 열리며 파열되는 소리인 반면, '자'는 폐쇄되었다가

입안이 조금씩 열리며 접촉 부위에서 스치는 소리가 난다.

② 경음 '짜'와 격음 '차'의 발음을 보여주며, '짜'는 혀와 입안의 밀착을 더 강하게 하며 나는 소리이고 '차'는 바람을 더 내는 소리임을 이해하게 한다. '차' 발음을 할 때에는 '파, 타, 카' 학습 때와 마찬가지로 얇은 화장지나 손바닥을 사용한다.

③ 음가를 이해하며 몇 번 연습한 후 '자요, 짜요, 차요'와 같은 문장으로 더 연습하게 한다. 이 때 '짜'와 '차'의 음 높이가 '자'에 비해 상대적으로 낮음을 시각적으로 보여주면서 발음을 하면 좋다.

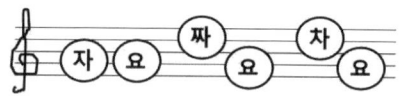

(8) 사 – 싸 – 하

① '사'는 혀와 입천장의 공간을 좁힌 상태에서 잇몸 뒤에서 앞으로 바람을 내보내며 '아' 발음을 내기 위해 입을 벌리면 나는 소리이다.

② '싸'는 '사'를 발음할 때보다 혀에 더 힘을 주어 더 세게 바람을 내보내는 소리이다.

③ '하'는 목구멍에서 하품하듯이 바람을 내보내는 소리이다.

④ 음가를 이해하며 몇 번 연습한 후, '싸요, 사요', '하, 히, 후, 헤, 호'와 같은 대립쌍을 더 연습하게 한다.

(9) 암 – 안 – 앙

① 'ㅁ, ㄴ, ㅇ' 모두 입안에서 나오는 소리가 아니라 코안을 울리며

나는 소리이다. 이 중 'ㅁ, ㄴ'은 초성에서 소리가 나지만 'ㅇ'은 초성으로는 쓰이지 않는 소리이다. 이 세 소리의 대립을 보여주기 위해 종성 받침 소리의 예로 발음 학습을 하면 좋다.

② '마, 나'의 발음도 알려주고, 이어서 '암, 안, 앙'의 발음을 알려 주며 끝소리 발음을 통해 세 발음의 차이점을 인지하고 따라 하게 한다.

④ 음가를 이해하며 몇 번 연습한 후, '간장, 감자, 공장, 맹장'과 같은 단어의 예, '간장 공장 공장장'과 같은 말놀이 예를 통해 더 연습하게 한다.

(10) 라 - 알

① 'ㄹ' 소리를 알려 주기 위해, 설측음과 탄설음 두 경우를 구분하여 연습하게 한다.

② '라'는 아주 잠깐 동안 혀끝을 윗잇몸에 가볍게 대었다가 '아' 발음을 하기 위해 떼면서 나는 소리이다.

③ '알'의 끝소리 'ㄹ'은 '아' 발음을 하면서 동시에 혀끝을 입천장에 대며 'ㄹ' 발음을 하며 나는 소리이다. '알'을 발음한 상태에서 숨을 들이마셔 보면 시원한 공기가 혀의 양옆으로 들어가는 것을 느낄 수 있다. 즉 끝소리 'ㄹ'의 소릿길이 혀의 양옆임을 알 수 있게 된다.

④ 음가를 이해하며 몇 번 연습한 후, 박수 치며 박자에 맞추어 '라, 라, 라, 라'를 발음해도 좋다. '라면, 라디오, 우리나라, 사람, 발, 말, 날, 달력, 빨래'와 같은 단어를 들어 발음 연습을 더 한다. 중국인 학습자들이 '우리 날라, 살람'으로 발음하는 오류를 나타낼 수가 있다. 이런 점을 유의하여 학습자들의 발음을 잘 살펴보며, 오류가 있으면 바로 교정해 준다.

4.2. 음절 발음 교육

■ 음절 구조

자음과 모음이라는 한국어의 자모가 음절을 나눈 분절음 개념이라면, 음절은 비로소 하나의 소리가 되는 단위를 말한다. 모음은 그 하나로도 소리가 된다. 그러나 자음은 모음에 붙어서 비로소 소리가 된다. 앞의 2장에서 음운론 기초 이론으로서 음절 구조 유형에 대해 살펴본 바 있으니, 이것을 다시 참고하면 좋을 것이다.

한글의 자모는 세계에서 가장 간단하면서도 과학적인 문자로 알려져 있지만, 한국어를 배우는 외국인 중에는 한글이 매우 복잡하다는 사람들도 종종 있다. 한국어의 기본이 되는 모음과 자음은 모두 40개(자음 홑글자 14개, 모음 홑글자 10개, 자음 겹글자 5개, 모음 겹글자 11개)인데, 이 글자들이 모아쓰기를 통해 음절을 이룰 때 그 음절의 수는 대단히 많기 때문에 한글을 처음 접하거나 배우는 사람에게는 복잡하게 느껴질 수밖에 없을 것이다. 그러나 그 많은 음절들은 모두 낱글자인 자모의 구성으로 이루어진 것이므로 글자 모양도 소리도 규칙적으로 조합된다. 그리고 이 내용을 익히면 일단 문장을 읽을 수 있게 되니 그 다음의 학습 속도에는 가속도가 붙는다.

음절 연습에는 학습자들에게 가갸표를 만들어 제시하면 효과적이다. 낱글자들의 결합에 의해 발음을 이루는 과정이 규칙적이므로 학습자들은 글자와 발음을 익히며 흥미를 느낄 수 있다. 이러한 특장점을 충분히 활용하며 수업을 끌어가면 좋을 것이다. 가갸표는 우선 홑 글자만 넣어 제시한다.

가갸표	ㅏ	ㅑ	ㅓ	ㅕ	ㅗ	ㅛ	ㅜ	ㅠ	ㅡ	ㅣ
ㄱ	가									
ㄴ										
ㄷ										
ㄹ					려					
ㅁ										
ㅂ										
ㅅ										
(ㅇ)										
ㅈ								쥬		
ㅊ										
ㅋ										
ㅌ										
ㅍ										
ㅎ										하

위 표에서 'ㅇ'을 괄호 안에 넣은 것은 자음 'ㅇ'은 받침 글자로만 쓰이지 초성에서 소리 나지 않는 글자이기 때문이다. 즉 '앙'과 같은 글자의 받침 'ㅇ' 소리가 자음이지, '아' 글자의 'ㅇ'은 모음 글자 'ㅏ'와 동일한 소리라는 것이다. 학습자들에게는 이러한 설명이 어렵게 느껴질 수 있으므로, 'ㅇ'자리에도 '아, 야, 어, 여'처럼 글자를 적어보면서 올바른 발음을 따라하게 하면 된다.

가갸표를 통해 글자 쓰기 연습과 발음 연습을 동시에 하게 될 때, 글자를 쓰는 바른 순서도 가르쳐야 한다. 교사가 칠판에 쓰면서 순서를 보여주기도 하고 글자 쓰는 순서를 동영상으로 보여주는 국립국어원의 바른소리 영상 교육을 활용해도 좋고, 그림으로 그린 카드를 보여주어도 좋다. 자음 쓰기 중 'ㅂ'과 'ㅌ'의 순서가 혼용될 수 있는데 다음과 같이 가르친다.

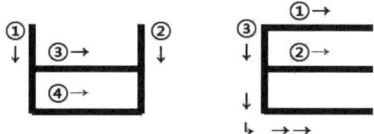

또한 모음에 따라 자음과 모음을 나란히 쓰는 모음(예: 아, 야, 어, 여, 이) 위 아래로 쓰는 모음(오, 요, 우, 유, 으)이 있으므로 잘 구별하여 익히도록 한다. 그리고 두 경우에 자음의 모양이 다르다는 것도 보여준다.

가갸거겨기
고교구규그

윗 줄의 'ㄱ' 모양과 아랫 줄의 'ㄱ' 모양이 다름을 보여주면서 글자를 바르게 쓸 수 있도록 알려준다.

위와 같이 자모 모아쓰기를 보이면서 발음을 학습할 때, 교사는 다음과 같은 한국어 음절 구조 유형을 인지하면서 각 종류를 고루 예로 들어주면 좋을 것이다.

① 모음만 있는 음절
  예) 아, 어, 예, 와, 우

② 자음과 모음이 있는 음절

　　예) 그, 나, 비, 개, 소, 푸

③ 모음과 자음 받침이 있는 음절

　　예) 안, 운, 옷, 입, 육

④ 자음과 모음과 받침이 있는 음절

　　예) 곳, 맛, 꽃, 담, 값, 흙

앞에서 가갸표에 제시된 글자들을 학습하게 한 후, 받침에 대한 학습까지를 마쳐야 한국어의 음절 학습이 완성된다. 위 음절 구조 중 ③과 ④에 해당하는 것이 되겠다.

받침이란 한글을 적을 때 모음 아래 받쳐 적는 자음 글자를 말한다. 받침으로 사용되는 글자는 다음과 같은 것이 있다.

홑받침(16개)	겹받침(11)
ㄱ, ㄴ, ㄷ, ㄹ, ㅁ, ㅂ, ㅅ, ㅇ, ㅈ, ㅊ, ㅋ, ㅌ, ㅍ, ㅎ, ㄲ, ㅆ	ㄳ, ㄵ, ㄶ, ㄺ, ㄻ, ㄼ, ㄽ, ㄾ, ㄿ, ㅀ, ㅄ

위 예를 보면 'ㄸ, ㅃ, ㅉ'은 받침으로 쓰지 않음을 알 수 있다. 겹받침이 여러 종류인데 ㄱ계열 1개, ㄴ계열 2개, ㄹ계열 7개, ㅂ계열 1개가 있음을 알 수 있다.

겹받침은 처음부터 학습하기 어려우며, 홑받침을 위주로 글자 모아쓰기 개념을 이해하게 한다. 다음과 같은 가갸표를 만들어 받침 쓰기 연습을 하며 그 소리 값도 함께 익히게 하면 좋다. 받침의 소리 값도 자음과 모음 아래 이어질 때 규칙적이므로 학습자들이 자동으로 그 소리 값을 스스로 발음할 수 있고 흥미를 느낄 수 있다. 즉 '가'에 'ㄱ' 받침이 와서 그 소리가 '각'이 되면, '아'에 'ㄱ' 받침이 오면 무슨 소리가 되는지 추론할 수 있고, 대부분의 학습자들은 '악'이라고 대답할 수 있다. 모든 받침 자음이 글자 그대로의 소리 값을 가지고 있는 것이 아니므로 소리 값이 변하지 않는 글자를 예로 들어 연습하게 한다.

	가	거	고	구	기	아	어	오	우	이
ㄱ	각				긱					
ㄴ		건				안				
ㄷ			곧				얻			
ㄹ				굴				올		
ㅁ					김				움	
ㅂ						압				입
ㅇ							엉			

글자를 쓸 때 받침으로 올 수 있는 홑받침은 모두 16개(ㄱ, ㄴ, ㄷ, ㄹ, ㅁ, ㅂ, ㅅ, ㅇ, ㅈ, ㅊ, ㅋ, ㅌ, ㅍ, ㅎ, ㄲ, ㅆ)인데, 이들이 받침에서 나는 소리는 7개로 한정된다. 이것은 한국어의 음절 구조 특징에 연유하는 것으로서, 받침으로 쓸 수 있는 글자는 여러 개이지만 음절 종성에서 날 수 있는 소리는 이 7개로 한정된다는 의미이다. 이것은 음절말중화 규칙에 해당하는 것인데, 학습 과정에서 단어의 예가 나올 때 학습 내용을 다루어도 좋다.

한국어 표준교육과정에는 이것을 '평파열음화'라고 일컬으며 "평파열음이 아닌 소리가 음절의 종성에 오게 되면 평파열음으로 바뀌는 것을 안다."(1등급 단계의 학습 내용)와 "평파열음이 아닌 소리가 음절의 종성에 오게 되면 평파열음으로 바뀌는 것을 알고 이를 적용하여 음절의 종성을 정확하게 발음한다."(2등급 단계의 학습 내용)를 제시하고 있다. 다음과 같은 예를 들어 이를 학습하게 한다.

  예) 옷 → [옫] / 꽃 → [꼳] / 젖 → [젇] / 부엌 → [부억] /
    끝 → [끋] / 앞 → [압] / 밖 → [박] / 왔다 → [왇다] → [왇따]

또한 받침 'ㅎ' 소리는 다음과 같은 예를 보이며 탈락됨을 알려준다.

  예) 놓아 → [노아] / 좋아요 → [조아요]

글자의 종성에 겹받침(ㄳ, ㄵ, ㄶ, ㄺ, ㄻ, ㄼ, ㄽ, ㄾ, ㄿ, ㅀ, ㅄ)이 올 때 그 소리 값이 어떠한지도 알려주어야 하는데, 먼저 연음되지 않은 겹받침 발음부터 알게 하면 좋을 것이다. 표준교육과정에 겹받침 관련 내용은 자음군단순화이며, "두 개의 자음으로 이루어진 겹받침 11개 종류는 둘 중 한 가지로만 발음된다. 겹받침은 앞 자음이 발음되는 경우도 있고 뒤 자음이 발음되는 경우도 있다."라고 제시되어 있다. 그리고 이와 관련하여 1등급 단계의 학습 내용은 "음절 끝에 자음군이 올 경우 한 자음은 탈락하고 나머지 자음만 발음된다는 것을 안다."이고, 2등급 단계의 학습 내용은 "자음군단순화 규칙을 적용하여 비교적 정확하게 발음한다."로 제시되어 있다. 다음 표에 있는 예들을 제시하면서 겹받침 소리 값에 대한 것도 이해하게 한다.

겹받침 글자	종성 발음	예
ㄳ	ㄱ	넋→[넉], 넋두리→[넉뚜리]
ㄵ	ㄴ	앉다→[안다] →[안따]
ㄶ	ㄴ	많네→[만네]
ㄺ	ㄱ	흙→[흑], 맑다→[막다]→[막따]
ㄺ	ㄹ	맑게→[말게]→[말께]
ㄻ	ㅁ	삶→[삼], 삶다→[삼다]→[삼따]
ㄼ	ㄹ	넓다→[널따], 넓고→[널꼬], 넓네→[널네]→[널레]
ㄼ	ㅂ	밟다→[밥다]→[밥따], 밟네→[밥네]→[밤네]
ㄽ	ㄹ	외곬→[외골]
ㄾ	ㄹ	핥다→[할따]
ㄿ	ㅂ	읊다→[읍따], 읊네→[읍네]→[음네]
ㅀ	ㄹ	뚫는다→[뚤는다], 앓는→[알는]
ㅄ	ㅂ	값→[갑], 값도→[갑또]

위 표에 제시된 예들을 보면, 일차적으로 겹받침 하나가 탈락하여 자음군단순화가 일어나고, 그렇게 변함으로써 경음화나 비음화 환경이 되면 이차적으로 소리 값이 다시 변함을 알 수 있다.

자음과 모음을 알고 음절을 알게 되면 단어의 사전 찾기도 가능하게 된다. 그러나 이것은 한국어를 아주 잘 하는 단계에 왔을 때 필요성이 있으므로, 초급이나 중급 단계에서 가르쳐야 할 내용은 아니다. 다만 교사가 다음과 같은 사전 찾기의 한글 자모 순서를 인지하고 있으면 좋을 것이다.

- 자음: ㄱ, ㄲ, ㄴ, ㄷ, ㄸ, ㄹ, ㅁ, ㅂ, ㅃ, ㅅ, ㅆ, ㅇ, ㅈ, ㅉ, ㅊ, ㅋ, ㅌ, ㅍ, ㅎ
- 모음: ㅏ, ㅐ, ㅑ, ㅒ, ㅓ, ㅔ, ㅗ, ㅘ, ㅙ, ㅚ, ㅛ, ㅜ, ㅝ, ㅞ, ㅟ, ㅠ, ㅡ, ㅢ, ㅣ
- 받침: ㄱ, ㄲ, ㄳ, ㄴ, ㄵ, ㄶ, ㄷ, ㄹ, ㄺ, ㄻ, ㄼ, ㄽ, ㄾ, ㄿ, ㅀ, ㅁ, ㅂ, ㅄ, ㅃ, ㅅ, ㅆ, ㅇ, ㅈ, ㅊ, ㅋ, ㅌ, ㅍ, ㅎ

■ 이어지는 음절

한글 자음과 모음을 익힌 후, 이들이 만나 음절을 이루고 음절들이 연결되면서 단어를 이룰 때, 연음에 대한 학습이 필요하다. 앞의 2장에서 연음규칙으로 이미 살펴본 내용에 해당하는데, 여기서는 이 연음규칙을 어떻게 가르치는 것이 좋을지에 대해 정리해 보기로 한다.

연음이란 받침의 글자가 모음으로 시작되는 뒤 음절의 초성으로 이어져 나는 것을 말한다. 국립국어원에서 2017년도에 연구한 한국어 표준교육과정에서는 연음규칙과 관련하여, 1급 단계에서 "홑받침이나 쌍받침으로 끝나는 음절이 모음으로 시작하는 음절과 이어질 때 앞 음절의 끝 자음인 종성이 다음 음절의 초성으로 발음된다는 것을 안다."라는 학습 내용이 들어 있다. 그리고 2단계에서 "홑받침과 쌍받침에 대한 연음 규칙을 적용하여 정확하게 발음한다."라는 학습 내용이 들어 있다.

이에 따라 음절이 이어지면서 단어가 될 때 발음 제대로 하게 하기 위해 자주 쓰이는 단어 중 연음규칙이 적용되는 예들을 뽑아 받침이 다음 글자 첫소리로 이어지는 것을 알게 한다.

국어 → [구거] / 높이 → [노피]
넓이 → [널비] / 읽어 → [일거]

위와 같이 홑받침과 겹받침 예를 보여주며 자음 하나가 뒤 음절로 옮겨가는 것을 알려준다. 대괄호 [ ]는 발음을 표시하는 것임을 알려주고 따라 읽게 한다. 학습자들은 자음과 모음을 이미 배웠으므로 발음 표기를 보고 소리를 낼 수 있다.

그런데 받침으로 쓰이는 많은 자음들의 소리가 위와 같은 방식으로 자동으로 이루어지는 것이 아니라서 사례에 따른 학습이 필요하다. 홑받침과 겹받침을 구분하여 학습하게 한다.

4.3. 음소 변동에 따른 발음 교육

이 절에서는 단어를 제대로 읽을 수 있도록 소리 내는 일련의 방식을 어떻게 가르치면 좋을지에 대해 생각해보기로 한다. 이 교육의 기초 이론은 앞의 2장에서 살펴본 음운현상의 여러 규칙들이다. 그런데 한국어 학습자에게 이러한 규칙 이름을 가르칠 수는 없다. 한국어 학습을 위해 등장하는 단어들이 어떤 음운 현상을 가지는 것이 있으면, 그것에 맞게 교육을 해야 하는 것이다. 따라서 어떤 음운 규칙을 먼저 가르칠 것인지가 중요한 것이 아니라, 각 음소들이 어떤 식으로 변하여 소리가 되는지에 주목하여 문맥에 나오는 단어를 예로 삼아 가르치는 것이 좋다.

그러므로 이 절에서는 한국어 자음과 모음을 차례로 들어, 어떤 음운 규칙과 연관이 있으며 어떤 소리 값들을 가지는지에 대해 정리해보기로 한다. 이것은 교육할 때 좋은 참고 자료가 될 것이라 기대한다.

■ 'ㄱ'의 변동

(1) 경음화

- 공명음(ㄴ,ㅁ,ㅇ,ㄹ)을 제외한 장애음(ㄱ,ㄷ,ㅂ) 뒤에서 'ㄲ'으로 변함.
  예) 국+가→[국까], 닫+고→[닫꼬], 입+구→[입꾸]
- 음절말중화에 의해 장애음(ㄱ,ㄷ,ㅂ)으로 바뀐 음 뒤에서 'ㄲ'으로 변함.
  예) 부엌+과→(부억+과)→[부억꽈], 버섯+국→(버섣+국)→[버섣꾹], 있+고→(읻+고)→[읻꼬], 잊+고→(읻+고)→[읻꼬], 숯+가마→(숟+가마)→[숟까마], 팥+고물→(판+고물)→[판꼬물], 숲+길→(숩+길)→[숩낄]

(2) 비음화

- 비음(ㅁ,ㄴ) 앞에서 'ㅇ'으로 변함.
  예) 국+물→[궁물], 먹+물→[멍물], 생각+나다→[생강나다]

(3) 유기음화

- 'ㅎ' 뒤에서 'ㅋ'으로 변함
  예) 놓+고→[노코], 쌓+고→[싸코], 하얗+게→[하야케]

■ 'ㅋ'의 변동

(1) 비음화

- 비음(ㅁ,ㄴ) 앞에서 'ㅇ'으로 변함.
  예) 부엌+문→(부억+문)→[부엉문]

(2) 음절말중화

- 'ㅁ,ㄴ'을 제외한 자음 앞에서 'ㄱ'으로 변함.
  예) 부엌+과→(부억+과)→[부억꽈], 부엌+칼→[부억칼], 부엌+도→
  (부억+도)→[부억또], 북녘+땅→[북녁땅]
- 음절말에서 'ㄱ'으로 변함.
  예) 부엌→[부억], 들녘→(들녁)→[들력]

■ 'ㄲ'의 변동

(1) 음절말중화

- 'ㅁ'을 제외한 자음 앞에서 'ㄱ'으로 변함.
  예) 닭+달→(닥+달)→[닥딸], 낚+시→(낙+시)→[낙씨]
- 음절말에서 'ㄱ'으로 변함.
  예) 안팎→[안팍]

■ 'ㄴ'의 변동

(1) 유음화

- 'ㄹ'의 앞이나 뒤에서 'ㄹ'로 변함.
  예) 칼+날→[칼랄], 줄+넘기→[줄럼끼], 선+릉→[설릉],
신+라→[실라]

■ 'ㄷ'의 변동

(1) 경음화

- 공명음(ㄴ,ㅁ,ㅇ,ㄹ)을 제외한 장애음(ㄱ,ㄷ,ㅂ) 뒤에서 'ㄸ'으로 변함.
  예) 각+도→[각또], 닫+다→[닫따], 법+도→[법또], 법+당→[법땅]
- 음절말중화에 의해 장애음(ㄱ,ㄷ,ㅂ)으로 바뀐 음 뒤에서 'ㄸ'으로 변함.
  예) 부엌+도→(부억+도)→[부억또], 안팎+도→(안팍+도)→[안팍또], 웃+돈→(욷+돈)→[욷똔], 보았+다→(보앋+다)→[보앋따], 빚+더미→(빋+더미)→[빋떠미], 돛+대→(돋+대)→[돋때], 밭+두렁→(받+두렁)→[받뚜렁], 짚+단→(집+단)→[집딴]

(2) 비음화

- 'ㅁ' 앞에서 'ㄴ'으로 변함.
  예) 맏+며느리→[만며느리]

(3) 유기음화

- 'ㅎ' 뒤에서 'ㅌ'으로 변함.
  예) 놓+다→[노타], 쌓+다→[싸타], 하얗+다→[하야타]

■ 'ㅌ'의 변동

(1) 음절말중화

- 'ㅁ'을 제외한 자음 앞에서 'ㄷ'으로 변함.
  예) 밑+그림→(믿+그림)→[믿끄림], 팥+떡→[판떡],
      솥+뚜껑→[손뚜껑], 붙+박이→(붇+박이)→[분빠기]
- 음절말에서 'ㄷ'으로 변함.
  예) 갈대밭→[갈때받], 지붕밑→[지붕믿], 가마솥→[가마솓],
      손끝→[손끋]

■ 'ㄹ'의 변동

(1) 비음화

- 'ㅁ, ㅇ' 뒤에서 'ㄴ'으로 변함.
  예) 담+력→[담녁], 침+략→[침냑], 강+릉→[강능],
      대통령→[대통녕]
- 'ㄱ,ㅂ' 뒤에서 'ㄴ'으로 변함(앞의 'ㄱ'은 'ㅇ'으로, 'ㅂ'은 'ㅁ'으로 변함).
  예) 백+리→[뱅니], 협+력→[혐녁]

- **'ㅂ'의 변동**

(1) 경음화

- 공명음(ㄴ,ㅁ,ㅇ,ㄹ)을 제외한 장애음(ㄱ,ㄷ,ㅂ) 뒤에서 'ㅃ'으로 변함.
    예) 국+보→[국뽀], 갑+부→[갑뿌]
- 음절말중화에 의해 장애음(ㄱ,ㄷ,ㅂ)으로 바뀐 음 뒤에서 'ㅃ'으로 변함.
    예) 들녘+바람→(들녁+바람)→[들녁빠람], 샅+바→(삳+바)→[산빠], 덮+밥→(덥+밥)→[덥빱], 옷+보따리→(옫+보따리)→[온뽀따리], 젖+병→(젇+병)→[전뼝], 덮+밥→(덥+밥)→[덥빱]

(2) 비음화

- 비음(ㅁ,ㄴ) 앞에서 'ㅁ'으로 변함.
    예) 밥+물→[밤물], 잡+는→[잠는]

- **'ㅍ'의 변동**

(1) 음절말중화

- 'ㅁ'을 제외한 자음 앞에서 'ㅂ'으로 변함.
    예) 덮+개→(덥+개)→[덥깨], 짚+단→[집딴], 늪+지대→[늡찌대]
- 음절말에서 'ㅂ'으로 변함.
    예) 오지랖→[오지랍], 대나무숲→[대나무숩]

■ 'ㅅ'의 변동

(1) 경음화

- 공명음(ㄴ,ㅁ,ㅇ,ㄹ)을 제외한 장애음(ㄱ,ㄷ,ㅂ) 뒤에서 'ㅆ'으로 변함.
  예) 국+수→[국쑤], 연습+실→[연습씰]
- 'ㅎ' 뒤에서 'ㅆ'으로 변함.
  예) 놓+소→(논+소)→[논쏘], 닿+소→(닫+소)→[닫쏘]

(2) 음절말중화

- 'ㅁ,ㄴ,ㄹ'을 제외한 자음 앞에서 'ㄷ'으로 변함.
  예) 굿+거리→[굳꺼리], 윗+동네→[윋똥네], 뒷+방→[뒫빵], 굿+판→[굳판], 옷+통→[옫통], 덧+신→[덛씬]
- 음절말에서 'ㄷ'으로 변함.
  예) 옷→[옫], 엿→[엳], 쑥갓→[쑥간], 버섯→[버섣]

■ 'ㅈ'의 변동

(1) 경음화

- 공명음(ㄴ,ㅁ,ㅇ,ㄹ)을 제외한 장애음(ㄱ,ㄷ,ㅂ) 뒤에서 'ㅉ'으로 변함.
  예) 맥+주→[맥쭈], 협+주→[협쭈]
- 음절말중화에 의해 장애음(ㄱ,ㄷ,ㅂ)으로 바뀐 음 뒤에서 'ㅉ'으로 변함.

예) 돗+자리→(돋+자리)→[돋짜리]

(2) 유기음화

- 'ㅎ' 뒤에서 'ㅊ'으로 변함.
  예) 놓+지→[노치], 낳자→[나차]

(3) 음절말중화

- 'ㅁ,ㄴ,ㄹ'을 제외한 자음 앞에서 'ㄷ'으로 변함.
  예) 늦+가을→[늗까을], 맞+춤→[맏춤],

- 음절말에서 'ㄷ'으로 변함.
  예) 대낮→[대낟], 목젖→[목쩓]

■ 'ㅊ'의 변동

(1) 음절말중화

- 'ㅁ,ㄴ'을 제외한 자음 뒤에서 'ㄷ'으로 변함
  예) 꽃+가루→[꼳까루], 돛+대→[돋때], 꽃+밭→[꼳빧]
- 음절말에서 'ㄷ'으로 변함.
  예) 눈빛→[눈빋], 장미꽃→[장미꼳], 덫→[덛], 윷→[윧]

■ 'ㅎ'의 변동

(1) 음절말중화 'ㄷ'으로 바뀐 후 다른 음소 변동을 일으킴.
- 'ㄴ' 앞에서 'ㄴ'으로 변함.
  예) 놓+는→(녿+는)→[논는]
- 'ㄱ,ㄷ,ㅈ' 앞에서 뒤 음절을 유기음화로 만듦.
  예) 놓+고→[노코], 놓+다→[노타], 놓+지→[노치]

■ 'ㅢ'의 변동

(1) 자음을 첫소리로 가지고 있는 음절의 'ㅢ'는 [ㅣ]로 발음함.
  예) 희망→[히망], 무늬→[무니], 띄어쓰기→[띠어쓰기]

(2) 단어의 첫 음절 이외의 '의'는 [의]나 [이]로, 조사 '의'는 [의]나 [에]로 발음함.
  예) 민주주의→[민주주의]/[민주주이], 협의→[혀븨]/[혀비], 우리의→[우리의]/[우리에]

4.4. 운율 요소 교육

앞의 2장에서 음운론 기초로서 초분절 요소에 대해 소리의 길이, 높이, 세기를 다루었다. 그 내용들을 참고하면서, 여기서는 그것을 교육하는 방안에 대해 생각해 보기로 한다.

표준교육과정에서 제시하는 운율 요소는 끊어 말하기, 억양, 휴지에 대한 것이다. 1등급 단계에서 평서문과 의문문의 문말 억양을 구별하는 것을 학습한다. 2등급 단계에서 발화를 끊어 말하는 단위를 파악하고 하강조인 설명의문문의 억양과 상승조인 판정의문문의 억양을 구별하는 것을 학습한다. 그리고 4내지 5등급 단계에서 휴지에 따라 문장의 발음의 변화와 의미의 차이가 일어남을 학습한다.

이상과 같은 음운론 기초 이론과 표준교육과정을 아우르면서 한국어 학습자가 익혀야 할 운율 요소들은 다음의 몇 가지로 정리할 수 있을 것이다.

(1) 문장 억양 구사하기

- 서술문과 의문문의 문말 억양
  예) 어제 나리가 학교에 왔어요. ↘ (서술문-하강조)
  　　어제 나리가 학교에 왔어요? ↗ (의문문-상승조)

- 설명의문문과 판정의문문의 문말 억양
  예) 어제 누가 오셨어요? ↘ ('누구'를 물음-하강조)
  　　어제 누가 오셨어요? ↗ (온 여부를 물음-상승조)

(2) 문장 끊어 말하기

- 의미 단위로 끊어 말하기
  예) 아버지가 방에 들어가신다. (아버지가 들어가시는 곳 - 방)
  　　아버지 가방에 들어가신다. (아버지가 들어가시는 곳 - 가방)

아버지가방에 들어가신다. (누군가가 아버지의 가방에 들어감)
- 문장의 수식 관계를 이해하며 끊어 말하기
  예) 아까 만난 / 친구의 동생은 귀엽다. (만난 대상은 동생)
  　　아까 만난 친구의 동생은 / 귀엽다. (만난 대상은 친구)

(3) 의미의 차이를 가져 오는 음의 긴 모음과 짧은 모음 구사하기
- [눈:]과 [눈]의 차이를 안다.
  예) 눈사람[눈: 싸람] / 눈물[눈물], 말씨[말: 씨] / 말굽[말굽],
  　　밤알[밤: 알] / 밤낮
- 긴 모음을 가진 단어 [눈:]이 둘째 음절로 오면 단음으로 바뀌는 것을 안다.
  예) 첫눈[천눈], 참말[참말], 쌍동밤[쌍동밤]

그런데 단어 학습이라고 하여 단어만을 떼어내어 학습하는 것은 별로 좋지 않다. 물론 단어 익히기 시간이 할애되지만, 문장 속에서 그 단어를 익힐 수 있도록 배려하는 것이 좋다.

4.5. 발음 교육 실습

이제 음운론 기초 이론과 발음 교육론 이론을 토대로 실제 수업에서 어떻게 할 것인지를 고안하고 실습해 보기로 한다. 이를 위해 이 절에서는 수업과 교사의 역할, 발음 교육에서 유의할 점, 수업 지도안 짜기, 발음 능력 평가하기, 교육 실습 평가하기에 대해 살펴본다.

■ 수업과 교사의 역할

의사소통에 있어 정확한 발음은 매우 중요하므로 교육이 매우 필요한 분야이다. 교사는 다음과 같은 주의 사항 및 전략을 확고히 인지하여 발음 교육을 해야 할 것이다.

- 정확한 발음을 교육해야 한다고 하여 교사의 의욕만 앞서서는 안 됨. 특히 학습자에게 음성학이나 음운론 전공 수업에서와 같은 이론 설명을 하는 것은 좋지 않음.
- 한국어 화자들도 구별하지 못하는 음의 구별을 지나치게 요구하지 말 것.
  예) 모음/ㅔ/와 /ㅐ/의 구별
- 표기와 발음법의 차이를 교육하기 어려우므로, 특히 신경 써서 발음 교육을 해야 함.
  예) 겹받침 발음 연습하기
- 교사는 학생들에게 항상 역할 모델이 되므로 정확한 음을 일관성 있게 유지해야 함. 수업 시간 이외에도 바르게 발음하고 또 일관성 있게 발음하도록 노력해야 함.
- 학생들이 정확한 발음을 내려고 노력하고 있는가에 늘 관심을 가져야 함. 의사소통 중심 교수법을 지향하는 수업에서는 정확성보다는 유창성을 강조하지만 학업 초기에 화석화된 발음은 고치기 어려우므로 초기에 정확한 발음을 할 수 있도록 지도해야 함.
- 발음을 연습할 때도 학습자가 문장의 의미를 이해하도록 해야 함. 가능하면 낱말 차원보다는 문장이나 담화 차원의 상황맥락 속에서 발음 연습을 하여 실제 활용할 수 있는 단계에까지 이르도록 함.

- 학습할 새로운 음을 결정할 때에 발음하기 어려운 것부터 하지 말고, 전체 음 체계 속에서 상대적 난이도를 고려하여 결정. 특히 발음하기 어려운 음을 학습할 때는 비슷한 다른 음들로부터 시작하여 점차 목표로 하는 음으로 옮겨가면 훨씬 수월함.
  예) /ㅈ,ㅊ,ㅉ/와 같은 파찰음보다는 파열음/ㄱ,ㅋ,ㄲ/부터 먼저 학습하고, ㄱ(aspiration)의 세기를 느끼게 하기 위해서는 '평음, 격음'의 순서로 제시하는 것이 바람직함.
- 적절한 시청각 보조 자료를 이용. 시청각 자료는 글자로만 적혀 있는 교재의 단점을 극복하기 위한 좋은 보조 자료가 됨.
  예) 혀의 움직임을 보여주는 그림, 구강 구조와 입모양을 찍은 사진, 다른 외국어와의 자모음 비교 도표, 국립국어원 '바른 소리' 동영상 등
- 표준이 되는 발음을 충분히 들려주어야 함. 이 때 주의 깊게 발음한다고 하여 지나치게 천천히 발음해서는 안 됨. 일반적인 속도로 된 발화를 모방하도록 해야 함. 그러나 처음에 천천히 말하게 하여 정확한 발음을 습득하게 한 후 점차 빠른 속도로 유창하게 말하는 연습을 하게 함.
- 조음법을 간단하게라도 설명해 주기 위하여 교사는 음성학에 대한 충분한 지식을 갖고 있어야 함. 학습자들에게 직접적인 음성학 용어를 사용하여 조음점을 설명하지 않더라도 교사가 그러한 용어에 친숙해야 쉽게 설명해줄 수 있음.
- 교사가 학습자의 모국어와 목표어인 한국어를 대조하여 설명해 줄 수 있으면 발음 학습에 도움이 됨.
- 가끔씩 발음을 평가하여 적절한 칭찬 또는 지적을 해 줌으로써 학습 동기를 높임.

- 한국어의 복잡한 음운규칙을 자연스럽게 익히도록 받아쓰기를 자주 실시함.
- 대조언어학 및 오류 유형 분석에서 제시된 언어권별 발음 오류 유형에 대해 알아 두고, 이 지식을 적극 고려하며 발음 교육에 임함.
  예) 일본어권 학습자는 '어'를 '오'로, '여'를 '요'로 발음
   - 어머니[오모니], 머리[모리], 여자[요자], 여기[요기]
  예) 중국어권 학습자는 '여'를 '이' 모음과 유사하게 발음하거나 '야'로 발음 - 환영[화닝], 명사[밍사], 기차역[기차약]
- 학습자의 학습 동기를 유발하고 학습 의욕을 북돋울 수 있는 여러 방법들을 연구하며 기존에 제시된 내용들을 고려하며 활용한다.

■ 발음 교육에서 유의할 점

- 학습자들이 유창하게 발음할 수 있도록 하기 위해서는 처음에는 천천히 말하게 하여 정확한 발음을 습득하게 한 후 점차 빠른 속도로 말하는 연습을 하게 한다.
- 발음에 영향을 미치는 요소들을 늘 염두에 두어 수업한다.
  • 개별 음소의 차이: '불 - 뿔 - 풀'
  • 음절 구조의 차이: 김치 → 기무치
  • 음운 현상의 차이: '국물', '압력'과 같은 낱말들을 자음동화 현상을 적용하지 않고 글자 그대로 발음하는 것
  • 초분절적 요소의 차이: 다양한 통사적 기능을 담당하는 한국어의 문미 억양 등
- 외국어로서의 한국어 학습자에게 발음 교육을 잘하기 위해 화자와 청자 사이에서 이루어지는 대화 상황의 말하기, 듣기가 모두 중요함. 구어적 의사소통은 화자와 청자 간에 양방향으로 진행되는 과정

으로서 말하기와 듣기 과정이 반복되기 때문임.
- 발음 교육에서 학습자에게 정확한 발음에 앞서 소리의 차이를 파악하고 구별하여 들을 수 있는 능력을 길러 주어야 함.
- 발음 교육을 효율적으로 하기 위해서는 기본 지식이 되는 한국어 발음의 원리인 표준어 규정 2부의 표준발음법에 대한 이해를 확실히 하고 있어야 함.
- 발음 교육의 절차 및 모형을 응용할 수 있도록 함.
- 발음 교육의 다양한 활동을 응용할 수 있도록 함.
- 언어교수이론의 관점에서 발음 교육은 어떤 위치이며, 그 이론에 입각하여 발음 교육의 방법은 무엇인지 이해함.
- 한국어의 복잡한 음운규칙을 자연스럽게 익히도록 받아쓰기를 자주 실시함.
- 가끔씩 발음을 평가하여 칭찬 또는 지적을 해 줌.

■ 수업 지도안 짜기

그럼 한국어 교원이 실제 수업에서 적용할 교육지도안을 구성하는 문제를 살펴보고자 한다. 이 지도안은 교사만 사용하는 것이다(학습자들에게는 학습자용 수업계획서를 따로 만들어 배부해야 할 것이다).

한국어 수업 경험이 적을수록, 주어진 시간을 세부적으로 잘 계획하여 안배하고, 학습자와의 소통을 잘 이룰 수 있는 활동들을 구상하여 포함해야 한다. 다음에 예시하는 하나의 수업 지도안을 보면서 각자 효과적이고 창의적인 수업 방식을 구상해 보면 좋을 것이다.

〈한국어 수업 지도안〉

◆ 수업 과정　　　: 발음
◆ 수업 내용(단원명): 자음 'ㄱ, ㄴ, ㄷ, ㄹ' + 기본 단모음
◆ 수업 영역　　　: 도입~마무리

과　　목　:　　　　　　　한국어 초급
담당 교수　:
반　　　　:

수 업 일　:
수업 시간　:　　　　50분씩 2시간

단원	기본 단모음 + 자음 'ㄱ,ㄴ,ㄷ,ㄹ'	수업일	
대상	다국적 학습자 10명		
선수 학습내용	교실 용어 + 일상생활 용어		
학습목표	• 전 시간에 배운 단모음을 복습하면서 단모음의 음가를 상기할 수 있다. • 한국어 자음 'ㄱ,ㄴ,ㄷ,ㄹ'의 음가를 듣고 읽고 쓸 수 있다. • 자음 'ㄱ,ㄴ,ㄷ,ㄹ'과 모음이 결합하여 하나의 음절을 이루는 것을 이해할 수 있다.		
학습내용	한국어의 자음(ㄱ,ㄴ,ㄷ,ㄹ)의 음가와 글자를 익힌다.		
준비물	교사	그림카드, 쓰기 활동지, 가나다라 카드	
	학생	교재, 필기도구, 공책	

내용	단모음 + 자음 'ㄱ,ㄴ,ㄷ,ㄹ'	
교시	교수-학습 활동	시간
1 교시	■ 인사 T: (웃으며 밝은 목소리로) 안녕하세요? S: 안녕하세요? ■ 출석 확인 T: (크고 정확한 발음으로 또박 또박) ○○ 씨! S. 네 ■ 단모음 + 자음 'ㄱ,ㄴ,ㄷ,ㄹ' 1. 도입 1) 복습 ① 칠판에 단모음을 적고, 한 번씩 따라 읽고(교사-학생), 다함께 읽는다. 　[지시어: 듣고 따라하세요.] <판서> | 2 1	ㅏ	ㅓ	ㅗ	ㅜ	ㅡ	ㅣ	ㅔ	ㅐ
---	---	---	---	---	---	---	---	---
ㅇ	아							| ② 앞 시간에 배웠던 의미 있는 어휘 카드로 다시 한 번 복습을 한다.	인사 출석 도입 10분

내용	단모음 + 자음 'ㄱ,ㄴ,ㄷ,ㄹ'	
교시	교수-학습 활동	시간

2	5		
이	오	오이	아이

2) 본문도입
① 칠판에 자음 'ㄱ,ㄴ,ㄷ,ㄹ'과 단모음을 적으며 발음을 한다.

<판서>

1〱2	ㅏ	ㅓ	ㅗ	ㅜ	ㅡ	ㅣ	ㅔ	ㅐ
ㄱ	가							
ㄴ								
ㄷ								
ㄹ								

2. 제시 및 설명
① 자음 카드를 보여 주면서 음가를 알려 준다. 각각의 자음은 혼자 쓰지 않고 항상 모음과 같이 쓴다는 것을 알려준다.(*가나다라 카드 활용)
   T: (ㄱ카드를 보여주거나 쓰면서 음가를 발음한다) ㄱ(그)
   S: ㄱ(그)
   T: (ㅏ카드를 보여주거나 쓰면서 발음을 한다) ㅏ(아)
   S: ㅏ(아)

② 한국어는 자음과 모음이 결합해서 하나의 음절을 이룬다는 것을 시각적으로 보여준다.
   T: ('가'카드를 보여 주거나 쓰면서 발음한다. 지시어: 듣고 따라하세요.) 가
   S: 가

③ 한 글자씩 판서하면서 교사가 정확하게 발음을 들려준다.
   T: 가, 거, 고, 구, 그, 기, 게, 개
   S: 가, 거, 고, 구, 그, 기, 게, 개

제시 및 설명 15분

내용	단모음 + 자음 'ㄱ,ㄴ,ㄷ,ㄹ'	
교시	교수-학습 활동	시간

④ 손가락을 들고 각 모음의 획순을 보여주며 같이 허공에 써본다.

<판서>

1 2	ㅏ	ㅓ	ㅗ	ㅜ	ㅡ	ㅣ	ㅔ	ㅐ
ㄱ	가	거	고	구	그	기	게	개
ㄴ	나	너	노	누	느	니	네	내

<참고사항>

- ㄱ
① 닫았던 입술을 크게 벌려 풍선이 터지듯이 한꺼번에 공기를 내보내는방법이다.
② 혀의 뒤끝이 연구개에 닿아서 나는 소리이다.

- ㄴ
① 혀끝이 치조에 닿아서 나는 소리이다.
② 아래위 입술이 서로 붙지 않는다는 것을 주지시킨다.
③ 구강 안을 막은 채 연구개를 내려서 공기가 비강을 통해 방출되면서 발음한다.

- 구강도 'ㄱ, ㄴ'

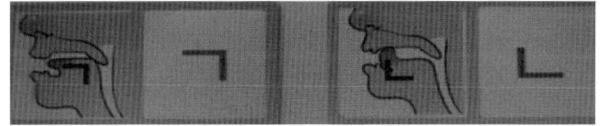

① 위 구강도를 참고한다. 동영상 사이트를 이용해 본다.

3. 연습
① 교사가 자음(ㄱ)과 모음(ㅏ) 따로 발음하고, 이어서 하나의 음절로 발음하는 것을 보여주고 따라 읽게 한다.
② 자음을 먼저 쓰고 그 다음 모음을 쓰는 순서를 알려준다. 화살표로 왼쪽에서 오른쪽, 위에서 아래로 적는 순서를 알려 준다.
③ 교사가 글자를 짚으면 학생들이 순서대로 돌아가며 읽는다.
④ 쓰기 활동지에 획순에 맞게 글자를 쓰게 하고 확인한다(쓰기활동지1).
⑤ 실제 의미 있는 어휘로 이루어진 단어 카드를 준비해 연습시킨다.

연습 25분

내용	단모음 + 자음 'ㄱ,ㄴ,ㄷ,ㄹ'	
교시	교수-학습 활동	시간
2교시	예) 나, 너, 게, 개, 가구, 거기, 누나 | 개	게
---	---	 [복습] ① 전 시간에 배운 자음 'ㄱ,ㄴ'과 단모음을 다시 한 번 확인한다. 　T: 가, 거, 고, 구, 그, 기, 게, 개 　S: 가, 거, 고, 구, 그, 기, 게, 개 ② 의미 있는 어휘로 만든 카드로 연습시킨다. 　예) 아기, 그네, 개, 게 	아기	그네	개	게
---	---	---	--- | 2. 제시 및 설명 <판서> | 　2 1	ㅏ	ㅓ	ㅗ	ㅜ	ㅡ	ㅣ	ㅔ	ㅐ
---	---	---	---	---	---	---	---	---
ㄷ	다	더	도	두	드	디	데	대
ㄹ	라	러	로	루	르	리	레	래	 ① 자음 카드를 보여 주면서 음가를 알려 준다. 각각의 자음은 항상 모음과 같이 쓴다는 것을 알려준다. 연달아서, 자음과 모음이 결합하여 하나의 음절로 발음되는 것을 보여 준다. (*가나다라 카드 활용) 　T: (ㄷ카드를 보여주거나 쓰면서 음가를 발음한다) ㄷ(드) 　S: ㄷ(드) 　T: (ㅏ카드를 보여주거나 쓰면서 발음을 한다) ㅏ(아) 　S: ㅏ(아) 　T: ('다'카드를 보여 주거나 쓰면서 발음한다) 다 　S: 다	복습 5분 제시 및 설명 10분

내용	단모음 + 자음 'ㄱ,ㄴ,ㄷ,ㄹ'	
교시	교수-학습 활동	시간

② 한 글자씩 판서하면서 교사가 정확하게 발음을 들려준다.
③ 손가락을 들고 각 모음의 획순을 보여주며 같이 허공에 써본다.

<참고사항>

- ㄷ
① ㄱ과 마찬가지로 닫았던 입술을 크게 벌려 풍선이 터지듯이 한꺼번에 공기를 내보내는 방법으로 조음하지만, 혀끝이 치조에 닿는다.

- ㄹ
① 혀끝이 치조에 가볍게 닿게 하면서 발음한다. /r/발음처럼 혀를 너무 동그랗게 말거나 /l/처럼 혀를 너무 펴서 /r/이나 /l/로 들리지 않도록 주의한다.

- 구강도 'ㄷ, ㄹ'

① 위 구강도를 참고한다. 동영상 사이트를 이용해 본다.

3. 연습
① 교사가 한 글자씩 짚어가며 입모양을 보여주고 따라 읽게 한다.
② 자음을 먼저 쓰고 그다음 모음을 쓰는 순서를 알려준다.
③ 교사가 글자를 짚으면 학생들이 순서대로 돌아가며 읽는다.
④ 쓰기 활동지에 획순에 맞게 글자를 쓰게 하고 확인한다(쓰기활동지2).
⑤ 준비한 그림카드의 단어를 읽는다.
  T: (그림카드를 보여주며) 아기, 그네, 다리, 개구리, 나누기, 라디오, 고래
  S: 아기, 그네, 다리, 개구리, 나누기, 라디오, 고래
⑤ 그림카드의 단어를 쓰기 활동지에 획순에 맞게 글자를 쓰게 하고 확인한다(쓰기활동지3).

연습 20분

4장 발음 교육 실습

내용	단모음 + 자음 'ㄱ, ㄴ, ㄷ, ㄹ'	
교시	교수-학습 활동	시간

아기	그네	다리	개구리

4. 활용
① 학생들을 두 조로 나누고 일렬로 앉게 한다.
② 교사는 그림 카드의 그림을 보여 주고, 그림에 맞는 단어를 칠판에 먼저 적는 게임을 한다.
  - 제일 먼저 "저요"라면서 손을 드는 학생이 칠판에 먼저 적을 수 있는 기회를 갖는다.
  - 한 번 정답을 맞힌 학생은 두 번 이상 할 정답을 맞힐 수 없다(최대한 여러 명의 학생들에게 기회를 주도록 하기 위해서).
③ 더 많은 정답을 맞힌 조가 승리한다.

5. 정리
지금까지 배운 내용을 같이 읽어보고 정리한다.

활용
15분

[쓰기 활동지 1]

가	거	고	구	그	기	게	개
나	너	노	누	느	니	네	내

[쓰기 활동지 2]

다	더	도	두	드	디	데	대
라	러	로	루	르	리	레	래

[쓰기 활동지 3]

구	두							
고	래							
개	구	리						
그	네							
나	누	기						
다	리							
라	디	오						

■ 발음 능력 평가하기

• 학습자들의 발음 교육이 잘 되었으며 능력 향상이 되었는지에 대한 평가는 기본적으로 듣기, 말하기와 통합하여 평가할 수 있으며, 학습자가 한글을 읽을 수 있는 수준에 다다른 경우에는 읽기와도 연결하여 다양하게 평가할 수 있음. 학습자의 한국어 수준, 제반 여건 등을 고려하여 창의적인 평가 방법을 찾아 적용하도록 함.

• 듣기를 이용한 발음 평가
- 듣고 따라 하기: 가장 손쉬운 평가 방법으로, 교사가 평가하고 싶은 발음의 각 요소에 맞는 문장을 준비한 후 학습자로 하여금 따라 하도록 하는 것. 이 때 주의할 점은 지시는 말로 하되 복잡하지 않게 하고, 문장 하나를 가지고 여러 가지 발음 요소를 평가하려고 하지 말아야 한다는 점. 문장을 읽어 줄 때는 보통의 속도나 혹은 가능한 한 보통 속도에 가깝도록 하고, 정상적인 리듬을 유지하도록 함.
- 듣고 구별하기: 발음을 들은 후 물음에 답하게 하는 것. 초급 학습자들을 평가할 때는 시각 자료를 활용하여 비슷하게 소리 나는 낱말 간의 의미상의 차이를 구별하게 할 수 있음.
  예) 최소대립쌍에 의해 의미 차이가 나는 그림을 사용하여 발음을 듣고 해당 그림을 선택하게 하는 것.
  "나무 옆에 불이 있다." "나무 옆에 뿔이 있다."
  "나는 글을 좋아한다." "나는 꿀을 좋아한다."
  예) 잘 듣고 맞는 번호를 고르십시오.
  (1) 교사: 증상은 어때요?
    ① 정상은 어때요?　② 증상은 어때요?

(2) 교사: 울면 안 돼요.

① 울면 안 돼요. ② 얼면 안 돼요.

(3) 교사: 가치가 있어요.

① 가치가 있어요. ② 까치가 있어요.

(4) 교사: 강이 멀어요.

① 강이 멀어요. ② 감이 멀어요.

(5) 교사: 찌개가 짜서 맛이 없어요.

① 짜서 ② 차서

(6) 교사: 파도가 좋아요.

① 바다가 ② 파도가

- 말하기를 이용한 발음 평가
- 말하기 방식을 사용하여 발음을 평가하는 것으로, 개별 음소의 평가에 관한 것과 전체적 발화 속에서 나타나는 리듬이나 억양의 평가에 관한 것을 통합적으로 평가할 수 있음.
- 말하기를 통해 학습자의 개별 음소의 발음뿐만 아니라 전체적인 의미를 효과적으로 전달하는지의 여부도 중요하게 다루어야 함.
- 말하기를 통한 발음 평가에 사용될 수 있는 입력 자료는 수험자의 모국어 지시문을 비롯하여, 한국어로 쓰인 읽기자료, 그림 자료, 비디오 자료 등 다양하게 제시될 수 있음.
- 어떤 발음 요소를 평가하고 있는지 학생에게 알리지 않는 것이 좋음. 학습자가 어떤 음을 의식적으로 정확하게 발음하는 것을 막기 위함.
- 말하기를 이용한 발음 평가 유형: 개인 인터뷰하기, 짝 인터뷰하기, 학생이 교사 인터뷰하기, 그림이나 지도 설명하기, 토의하기, 시청각 자료 내용 이야기하기, 시청각 자료에 대해 토론하기, 토론하기,

역할극 하기, 발표하기, 통역하기

예) 대화식: 개인 인터뷰하기

※ 저는 집주인입니다. 당신은 방을 구하러 왔습니다. 저에게 다음 사항에 대하여 물어보십시오.

· 위치	· 주변 환경
· 가격	· 집세 지불 방법
· 교통	· 각종 편의 시설 등

예) 독백식: 그림 설명하기

※ 무슨 일이 일어났습니까? 설명해 보십시오.

예) 토론식: 찬·반 입장에 대해 토론하기

※ 컴퓨터의 발달로 자신이 사고 싶은 물건을 집에서 구입할 수 있는 홈쇼핑이 소개되었고, 많은 사람이 이를 이용한다고 합니다. 홈쇼핑을 이용해 물건을 사면 백화점에 나가야 하는 시간이나 번거로움을 줄일 수 있을 뿐만 아니라 무거운 짐을 들고 다닐 필요가 없기 때문에 아주 편리합니다. 그러나 어떤 사람들은 물건을 눈으로 직접 확인할 수 없기 때문에 품질 보장이 어렵고, 친구들과 어울려 쇼핑을 하는 데서 얻는 즐거움을 느낄 수 없다고 합니다. 이 두 가지 입장에 대한 자신의 의견을 말해 보십시오.

- 학습자의 한국어 수준, 제반 여건 등을 고려하여 창의적인 평가 방법을 찾아 적용해야 함.
- 기본적으로 듣기, 말하기와 통합하여 평가할 수 있음. 학습자가 한글을 읽을 수 있는 수준에 다다른 경우에 읽기와도 연결하여 다양한 평가 방식을 사용할 수 있음.

■ 교육 실습 평가하기

- 교육 실습 수업에서 수업 지도안을 만들어 수업을 진행했을 때, 본인의 수업 현장을 촬영하여 모니터링해 보거나, 동료들의 평가를 받음으로써 본인이 미처 알지 못하는 수업 진행 유의 사항을 알 수 있음.
- 이러한 기회를 통해 잘한 점과 고쳐야 할 점을 지적 받고 본인의 향후 수업에 반영할 수 있음.

  예) 잘한 점

  ① 따라 하기, 게임, 역할극 등 학생 활동 후에 "참 잘했어요."라고 격려하고 칭찬한 점.

  ② 학생들을 골고루 보며 눈길을 주고 이해하는지를 파악하며 이끌어 간 점.

  ③ 주제 선정과 수업 구성을 잘 짜서 계획한 점. 시간 배분도 잘 맞음.

  예) 고쳐야 할 점

  ① 교사어가 너무 어려움. (사용하는 단어가 학습자 수준이 이해하기에 적절치 않음. 설명이 너무 긺. 예: 오늘은 과연 무엇을 배울까요? 너무 궁금하시죠? ⇨ 오늘은 OOO를 공부할 거예요.)

  ② 교사어가 적절하지 않음. (예: 다시 한 번 따라해 보실래요? ⇨ 따라해 보세요. 신라가 혹시 무엇인지 아시나요? ⇨ 신라가 뭐예요?)

  ③ 교사의 말하는 속도가 전체적으로 조금 빠름.

  ④ 그림 카드가 너무 작음.

  ⑤ 자음 쓰는 순서가 틀림 (ㄹ, ㅁ, ㅂ)

⑥ 자음 모양을 바르게 써야 함. (ㅎ, ㅊ)

⑦ 학생이 발음했을 때 명백히 틀린 부분을 고쳐주지 않고 그냥 지나감.

⑧ 가르치는 내용이 틀림 (ㄲ, ㄸ, ㅃ 같은 경음에 대해 바람 세기가 크다고 설명한 것)

⑨ 가르치는 내용이 학습자 수준에 맞지 않음 (예: 고구려, 백제, 신라, 임진란 설명 등)

⑩ 학습 내용 제시할 때 "기본 단모음 + 자음"으로 제시한 것을 "자음 + 기본 단모음"으로 제시해야 함.

다음에 제시하는 평가지는 모의 수업을 조별 토의를 통해 이루어졌을 때 조 평가를 위해 작성된 것이다. 참고해 보면 좋을 것이다.

교육실습 동료 평가지

				제출자: (조)
	[교육 지도안 충실성] 교안에 학습 목표와 수업 내용이 잘 기술되었는가?	[수업 진행의 적절성] 교사의 수업 진행이 자연스럽고 적절했는가?	[학습 단계의 적절성] 수업 내용과 교사어가 학습 단계와 잘 맞도록 진행했는가?	[학습자의 이해도] 학습자가 잘 이해하는 반응을 보였는가?
1조	☆ ☆ ☆ ☆ ☆	☆ ☆ ☆ ☆ ☆	☆ ☆ ☆ ☆ ☆	☆ ☆ ☆ ☆ ☆
	[기타 의견]			별 합계 개수
2조	☆ ☆ ☆ ☆ ☆	☆ ☆ ☆ ☆ ☆	☆ ☆ ☆ ☆ ☆	☆ ☆ ☆ ☆ ☆
	[기타 의견]			별 합계 개수
3조	☆ ☆ ☆ ☆ ☆	☆ ☆ ☆ ☆ ☆	☆ ☆ ☆ ☆ ☆	☆ ☆ ☆ ☆ ☆
	[기타 의견]			별 합계 개수

■ 참고 문헌

강옥미(1993). 위치마디의 내부 구조: ㄷ-구개음화, ㄱ-구개음화, 움라우트와 위치동화를 중심으로. 국어학 24. 국어학회.
강창석(1984). 국어의 음절구조와 음운현상. 국어학 13. 국어학회.
고광모(1992). ㄴ첨가와 사이시옷에 대한 연구. 언어학 14. 한국언어학회.
고도흥·구희산·김기호·양병곤 공역(1999). 음성언어의 이해. 한신문화사.
구현옥(1999). 국어음운학의 이해. 한국문화사.
구현옥(2000). 국어 변동 규칙 설정에 있어서 몇 가지 제안. 한글 247. 한글학회.
구희산(1993). 음성합성의 운율처리를 위한 악센트 연구. 음성·음운·형태론 연구 1. 한국문화사.
국립국어연구원(1995). 한국 어문 규정집. 국립국어연구원.
국어교육연구소 언어교육원(2015).한국어교육의 이론과 실제 2. 아카넷.
권인한(1997). 현대국어 한자어의 음운론적 고찰. 국어학 20. 국어학회.
김경란(1993). 우리말 음절화와 관련된 음운규칙 적용 방법. 음성·음운·형태론의 연구 1. 한국문화사.
김광해 외(1999). 국어지식탐구. 박이정.
김기호·양병곤·고도흥·구희산 공역(2000). 음성과학. 한국문화사.
김무림(1992). 국어음운론. 한신문화사.
김석연(2003). 21세기 정보화의 도구, 누리글. 한국어정보학회 국제학술대회 발표집.
김승곤(2001). 음성학. 도서출판 역락.
김중섭(2017). 국제 통용 한국어 표준 교육과정 적용 연구. 국립국어원.
김영진(1990). 모음체계. 국어연구 어디까지 왔나. 동아출판사.
김완진(1996). 음운과 문자. 신구문화사.
김정아(2000). 국어의 음운표시와 음운과정. 국어학회.
김주원(1993). 모음조화의 연구. 영남대출판부.

김차균(1998). 음운학 강의. 태학사.
남기심·고영근(1993). 표준국어문법론. 탑출판사.
박지영(2015). 한국어발음 교육론. 한국어문학연구소
배주채(1996). 국어음운론 개설. 신구문화사.
서울대학교 언어교육원(2009). 외국인을 위한 한국어 발음 47. 서울대학교 언어교육원.
서정수(1996). 국어문법. 한양대학교 출판원.
서정수(2003). 한글 바탕 국제 발음문자의 사용법. 한글문화 세계화 운동본부 펴냄.
성낙수(1987). 이른바 한국어의 두음법칙 연구. 한글 197. 한글학회.
신지영(2001). 말소리의 이해. 한국문화사.
신지영·차재은(2004). 우리말 소리의 체계. 한국문화사.
신지영 외(2015). 한국어 발음 교육의 이론과 실제. 한글파크.
안병희·이희승(1994). 고친판 한글맞춤법 강의. 신구문화사.
오정란(1997). 현대국어음운론. 형설출판사.
이기문(1972). 국어음운사 연구. 한국문화연구원.
이기문·김진우·이상억(1984). 국어음운론. 학연사.
이덕호 역(1977). 음운론. 범한서적.
이명규(1990). 구개음화. 국어연구 어디까지 왔나. 동아출판사.
이병건(1976). 현대한국어의 생성음운론. 일지사.
이병근(1979). 음운현상에 있어서의 제약. 탑출판사.
이병근(1989). 국어사전과 음운론. 애산학보 7. 애산학회.
이병근·최명옥(1997). 국어음운론. 한국방송대학교 출판부.
이상억(1987). 현대 음운이론과 국어의 몇 문제. 언어 12-2. 한국언어학회.
이상억(1992). 생성음운론. 국어학연구백년사. 일조각.
이승환(2000). 말더듬 개관. 아동의 조음장애 치료(한국 언어병리학회 편). 군자출판사.
이승환(2000). 어른의 말더듬 치료. 아동의 조음장애 치료(한국 언어병리학회 편). 군자출판사.
이은정(1992). 표준발음법에 따른 우리말 발음 사전. 백산출판사.

이익섭(1992). 국어표기법연구. 서울대출판부.
이정희(2003). 한국어 학습자의 오류 연구. 박이정.
이준자(2000). 기능적 조음장애의 치료. 아동의 조음장애 치료(한국 언어병리학회 편). 군자출판사.
이진호(1998). 국어 유음화에 대한 종합적 고찰. 국어학 31. 국어학회
이현복(1971). 한글음성문자 시안. 한글학회 50돌 기념 연구발표회 요지.
이현복(1971). 현대 서울말의 모음 음가. 어학연구 7-1. 서울대어학연구소.
이현복(1981). 국제음성문자와 한글 음성 문자. 과학사.
이현복(1985). 한국어의 표준발음. 대학음성학회.
이현복(1989). 한국어의 표준발음. 교육과학사.
이혜숙(1968). 구조주의와 변형생성이론에 있어서의 음운론. 한글 141. 한글학회.
이호영(1996). 국어음성학. 태학사.
이희승·안병희(1994). 한글 맞춤법 강의. 신구문화사.
임홍빈(1981). 사이시옷 문제의 해결을 위하여. 국어학 10. 국어학회.
임홍빈(1993). 국어 억양의 기본 성격과 특징. 새국어생활 2-1. 국어연구원.
전상범(1985). 생성음운론. 탑출판사.
전종호(2000). 유음 선행 자음의 비음화. 언어 25-2. 한국언어학회.
정연찬(1997). 개정 한국어 음운론. 한국문화사
조성문(2001). 국어의 운율적 자질에 대한 실험음성학적 분석. 한국언어문화 20. 한국언어문화학회.
주시경(1914). 말의 소리. 역대한국문법대계. 탑출판사.
최임식(1990). 국어 내파화에 대한 연구. 계명대 박사학위논문.
최태영(1990). 모음조화. 국어연구 어디까지 왔나. 동아출판사.
최현배(1957). 우리말본. 정음사.
한국언어병리학회 편(1994). 말더듬 치료. 군자출판사.
한국언어병리학회 편(2000). 아동의 조음장애 치료. 군자출판사.
한영균(1991). 이중모음의 단모음화 과정에 대한 삽의. 국어학의 새로운 인식과 전개. 민음사.
허용·김선정(2007). 외국어로서의 한국어발음 교육론. 박이정.

허웅(1981). 언어학. 샘문화사.
허웅(1985). 국어음운학-우리말 소리의 어제, 오늘. 샘문화사.

Bloomfield, L.(1933). *Language*. New York: Holt, Rinehart & Winston.
Carr, P.(1993). *Phonology*, Basingstoke: Macmillan.
Chomsky, N. & Halle, M(1968). *The Sound Pattern of English*. The Hague: Mouton.
Glonia J. Borden & Katherine S. Harris & Lawrence J. Raphael (1994). *Speech Science Primer - Physiology, Acoustics, and Perception of Speech*. Williams & Wilkins.
Householder, Fred W.(1965). 'On some recent claims in phonological theory.' Journal of Linguistic.
Hyman. L.M.(1975). *Phonology: theory and analysis*. New York: Holt, Reinehart and Winston.
Jakobson, R., & Fant, G., and Halle, M.(1952). *Preliminaries to Speech Analysis*. Cambridge: MIT Press.
Jespersen, O.(1904). *Phonetische Grundfragen*. Leipzig: Teubner.
Jones, Daniel(1931). *An Outline of English Phonetics*, Cambridge University Press.
Pike, Kenneth(1947). *Phonetics*. The University of Michigan Press.
Saussare, F. de.(1916). *Cours de Linguistigue Générale*. Lausanne et Paris: Payot.
Spencer, A.(1996). *Phonology*. Oxford: Blackwell.
Trubetzkoy, N.S.(1939). *Grundzüge der Phonologie*. Travaux du Cercle linguistique de Prague.
Twaddell, W.F.(1935). 'On defining the Phoneme'. Language monographs 16.

<참고 사이트>
http://www.korean.go.kr/hangeul/cpron/04_sound/02.htm 국립국어원 바른소리 동영상 교육 자료
https://kcenter.korean.go.kr/index.jsp 국립국어원 한국어 교수학습 샘터 발음 교수법 동영상 교육 자료

■ 부록

※ 한국어교육능력검정시험에서 발음 교육론 문제를 예시해본다. 문제를 풀어봄으로써 자신이 알고 있는 것과 이해하지 못하는 것을 구분하고 다시 공부하는 기회로 삼으면 좋을 것이다.

한국어교육능력검정시험 기출문제 (발음 교육론) 예

[2010년 제5회]

70. 발음 교육의 단계별 활동으로 적절하지 않은 것은?
    ① 도입 단계 - 낱말이 적힌 카드를 제시하면서 발음을 예측해 보도록 한다.
    ② 제시 단계 – 목표 발음에 대한 규칙을 설명하고, 발음을 듣고 구별하는 활동을 한다.
    ③ 연습 단계 – 듣고 따라하거나 소리 내어 읽기 활동을 통해 음성 훈련을 실시한다.
    ④ 생성 단계 – 연습한 규칙이 적용되는 다양한 예를 찾아 발음해 보게 한다.

71. 입이 벌어지는 정도의 차이로 교육할 수 없는 모음으로 짝지어진 것은?
    ① 이, 에, 애   ② 으, 어, 아   ③ 이, 으, 우   ④ 우, 오, 아

72. 다음 중 가장 먼저 교수해야 할 발음 교육의 내용으로 적절한 것은?
    ① '옷이'를 [오시]로 발음하는 연음 현상
    ② '난로'를 [날로]로 발음하는 유음화 현상
    ③ '사건'을 [사껀]으로 발음하는 경음화 현상
    ④ '신혼여행'을 [신혼녀행]으로 발음하는 'ㄴ'첨가 현상

73. 최소대립쌍을 활용하여 문장 단위의 발음 연습을 실시하기 위한 예문으로 적절하지 않은 것은?
    ① 우리 딸은 달을 좋아한다.
    ② 엄마 방에서 빵 냄새가 난다.
    ③ 공원에 있는 마른 풀에 불이 붙었다.
    ④ 점심을 짜게 먹어 찬물을 마시고 싶다.

[2015년 제10회]

44. 한국어 억양 교육과 관련된 설명으로 옳은 것을 모두 고른 것은?

   ㄱ. 「표준발음법」에는 한국어 억양에 대한 내용이 포함되어 있다.
   ㄴ. 핵억양의 종류에는 크게 오름조, 내림조, 수평조, 내리오름조, 오르내림조가 있다.
   ㄷ. 한국어 억양은 의미 분화에 관여하지 않지만 화자의 의도나 태도를 표시한다.
   ㄹ. 의문문의 억양은 끝이 올라갈 수도 내려갈 수도 있다.

   ① ㄱ, ㄷ   ② ㄴ, ㄹ   ③ ㄱ, ㄴ, ㄷ   ④ ㄴ, ㄷ, ㄹ

45. 한국어 발음 교육 방법으로 옳지 않은 것은?
   ① 영어권 학습자에게 평음, 경음, 격음의 차이를 개구도로 구별하도록 지도한다.
   ② 중국어권 학습자에게 한국어의 설측음을 발음할 때 혀끝을 편 상태로 발음하도록 지도한다.
   ③ 터키어권 학습자에게 어두의 /ㅈ/를 무성음으로 발음하도록 지도한다.
   ④ 러시아어권 학습자에게 /ㅗ/와 /ㅓ/의 원순성 차이를 구별하여 발음하도록 지도한다.

46. 한국어 발음 지도 방법으로 옳지 않은 것은?
   ① /ㄹ/을 조음하는 위치에서 숨을 들이 쉬어 혀의 양 옆이 시원해짐을 느끼게 한다.
   ② /닥/과 /막/을 코를 막고 발음하게 한 후 초성에서 코의 울림의 유무를 느끼게 한다.
   ③ 두 사람이 마주 보며 /ㅗ/와 /ㅚ/를 발음하게 한 직후 원순성의 차이를 짝의 입술 모양을 통해 확인하게 한다.
   ④ /ㅣ/와 /ㅜ/를 발음하게 한 후 모음 사각도를 이용하여 혀의 높이 차이를 시각적으로 보게 한다.

47. 언어권별 한국어 종성의 발음 교육 내용으로 옳은 것을 모두 고른 것은?

   ㄱ. 표준중국어(보통어) 화자가 종성을 탈락시키지 않도록 지도한다.
   ㄴ. 일본어 화자가 종성 다음에 모음을 넣어 음절 수를 늘리지 않도록 지도한다.
   ㄷ. 베트남어 화자가 종성 비음을 종성 유음으로 발음하지 않도록 지도한다.
   ㄹ. 영어 화자가 음절 말 설측음을 어두운(dark) /l/로 발음하지 않도록 지도한다.

   ① ㄱ, ㄹ   ② ㄴ, ㄷ   ③ ㄱ, ㄴ, ㄹ   ④ ㄴ, ㄷ, ㄹ

48. 한국어 발음 지도 방법으로 옳은 것은?
   ① '밝다', '넓다', '앉다'에서는 음절 말 종성의 위치에 오는 자음군에서 앞의 자음이 발음된다고 설명한다.
   ② '좋으니', '않아서', '앓으면'에서는 용언 어간 말 /ㅎ/은 뒤에 모음이 오면 탈락된다고 설명한다.
   ③ '난로', '할는지', '이원론'에서는 /ㄴ/과 /ㄹ/이 인접해서 만나면 /ㄴ/이 /ㄹ/로 동화되어 발음된다고 설명한다.
   ④ '끝을' [끄츨]과 같이 빈번하게 일어나는 구개음화는 학습자가 따라하도록 지도할 필요가 있다.

[정답]

[2010년 제5회]									
70. ④	71. ③	72. ②	73. ④						
[2015년 제10회]									
44. ②	45. ①	23. ③	24. ③	25. ①	26. ③	27. ②	28. ②	29. ④	59. ④

■ 찾아보기

➡ ㄱ

ㄱ-구개음화 ················· 49
가청도 ······················· 29
간극도 ······················· 30
갑상연골 ····················· 8
강세 ····················· 26, 87
개음절 ······················· 28
거센소리되기 ················ 46
격음화 ················ 46, 82, 117
겹받침단순화 ······· 33, 52, 58, 82
경구개 ······················· 22
경구개마찰음 ················ 24
경구개음 ····················· 22
경음 ····················· 22, 72
경음화 ············ 40, 41, 45, 79, 114, 117, 170, 172, 174, 175
고급 ·············· 107, 131, 133
고모음 ···················· 18, 29
고유명사 ····················· 55
고정부 ······················· 21
공명도 ······················· 29
공명방 ······················· 10
공명성 ······················· 34
공명음 ···················· 41, 69
공명자음 ····················· 29
공명자질 ····················· 35
과도음 ······················· 20
관습음 ······················· 58
구개음화 ·········· 23, 49, 69, 116
긴 소리 ······················ 87
길이 ························· 87

➡ ㄴ

ㄴ 첨가 ············ 47, 48, 49, 83, 116
높이 ························· 89
능동부 ······················· 21

➡ ㄷ

ㄷ-구개음화 ················· 49
ㄷ 탈락 ··················· 56, 84
단모음 ······················· 67
단모음화 ············ 66, 68, 82
단축 ························· 99
대조언어학 ················· 136
대치 ····················· 31, 99
도치 ························· 31
동모음탈락 ··············· 65, 85
동화 ····················· 31, 78
두음법칙 ····················· 54
뒤혓바닥 ····················· 21
등급 체계 ··················· 105

➡ ㄹ

ㄹ 불규칙용언 ············ 85, 86
ㄹ 첨가 ····················· 118
ㄹ 탈락 ····················· 57
러 불규칙용언 ··············· 86
르 불규칙용언 ··············· 86

➡ ㅁ

마찰음 ······················· 23
말꼬기 ····················· 120

머리소리법칙 ·· 54
모음 ·· 26, 27, 87
모음변화 ·· 118
모음성 ·· 20
모음조화 ·· 61, 85
모음축약 ·· 64, 66, 118
목젖 ·· 9, 10
무성음 ·· 9, 24
문법번역식교수법 ·· 93
미파화 ·· 40

➡ ㅂ

ㅂ 불규칙용언 ·· 86
반고모음 ·· 18
반모음 ·· 20, 27, 29
반모음화 ·· 62, 117
반복 ·· 99
반저모음 ·· 18
발동기관 ·· 8
발성기관 ·· 8
발음 교육 실습 ·· 147
발음 평가 ·· 192, 193
변이음 ·· 25
변자음화 ·· 38
변형 ·· 99
보상적 장모음화 ······································ 68, 82
보상적 장음화 ·· 63
복합어 ·· 47
부분동화 ·· 31, 33, 35
분절음 ·· 26, 87
분절음 연결 제약 ·· 71
불규칙용언 ·· 86
불파음화 ·· 69
비음 ·· 24
비음화 ··· 32, 34, 47, 82, 115
        170, 172, 173

➡ ㅅ

ㅅ 불규칙용언 ·· 86
사이시옷 ·· 43
상보적 분포 ·· 17
상승 ·· 89
상향식 모형 ··· 127
상호작용식 모형 ·· 127
서로 배타적 분포 ·· 17
선어말어미 ·· 57
설단음 ·· 22
설측음 ·· 25
설측음 [l] ·· 15
설측음화 ·· 69
성대 ·· 8
성문 ·· 8
성문음 ·· 23
성절성 ·· 28
성절음 ·· 26
성조 ·· 26, 87
성조언어 ·· 87
세기 ·· 90
수업 지도안 ··· 183
수평 ·· 89
순행동화 ·· 31
순행적 유음화 ·· 35
식도 ·· 9

➡ ㅇ

ㅡ 불규칙용언 ·· 86
아랫입술 ·· 21
앞혓바닥 ·· 21
양성모음 ·· 61
양순 폐쇄 무성음 [p] ···································· 15
양순 폐쇄 유성음 [b] ···································· 15
양순음 ·· 22, 24, 64
어미 ·· 58
어형변화 ·· 99

찾아보기 205

억양	89, 178
언어 교수법	92, 93
언어 내 간섭	145
언어적 전이	145
여 불규칙용언	86
역할극	121
역행동화	31, 33
역행적 유음화	35
연구개	22
연구개마찰음	24
연구개음	22, 23, 24
연음	22
연음규칙	57, 58, 82
연음법칙	57
오류 분석	134
완성	99
완전동화	31, 33, 35, 37
용언어간	56
우 불규칙용언	86
운	27
운소	87
운율	177
운율 요소	68
움라우트	60, 61
원순모음	19
원순모음화	64, 72, 85, 118
윗니	21
윗입술	21
유기음	22, 72
유기음화	46, 53, 170, 173, 176
유성음	9, 23, 24
유성음화	69
유음화	35, 83, 116, 172
유창성	100
으 모음탈락	65
으 불규칙용언	66, 86
음성모음	62

음소	87
음소 변동	169
음운 결합 규칙	30, 72
음운과정	31
음운규칙	31, 32, 71
음운도치	59, 85
음운론	81
음운전위	59
음장	26
음절	26, 161
음절 연결 제약	72
음절구조	28
음절두음	27
음절말음	27
음절말중화	33, 51, 52, 82, 171 173, 174, 176
음절말중화 규칙	58
음절성분	28
음절핵	28
음절핵음	27
응답	99
의사소통식교수법	100, 101
의성어	62
의존명사	55
의태어	62
이 모음역행동화	60, 61
이음	15
이음과정	31
이중모음	20, 67
이화	31
인두	9, 10
입술	9, 11
입천장	9, 10
입천장소리되기	49

➡ ㅈ

자유변이	17

자유변이음 ··· 17
자음 ································· 26, 27, 87
자음군단순화 ·························· 52, 71, 114
자음동화 ······································ 33, 37
자음성 ·· 20
자음접변 ··· 37
장애음 ························· 29, 41, 72, 73
장음화 ·· 63
재구성 ·· 99
저모음 ······································ 18, 29
전설 ·· 11
전설모음 ··· 18
전설모음화 ·························· 60, 61, 85
전설음 ·· 22
전위 ·· 99
절음법칙 ··· 59
접미사 ·· 58
정확성 ··· 100
조건변이음 ·· 17
조사 ·· 58
조음기관 ··· 9
조음위치동화 ················· 38, 83, 117
조음전 ·· 21
조음체 ·· 21
종결어미 ··· 57
종성 ·· 26, 28
종성 오류 ······················ 130, 133, 134
주파수 ··· 7
중급 ······································ 106, 131
중모음 ·· 29
중복자음감축 ·································· 39
중복자음화 ······································ 38
중설 ·· 11
중설모음 ··· 18
중성 ·· 26
중성 오류 ······················ 129, 132, 134
중성제약 ··· 71

직접교수법 ·· 95
직접동화 ··· 37
진동수 ··· 7

➡ ㅊ

첨가 ··· 31, 80
청각구두식교수법 ························· 97
초급 ······································ 106, 129
초분절 요소 ······································ 87
초성 ·· 26
초성 오류 ······················ 129, 132, 133
초성제약 ··· 70
초중성연결제약 ···························· 71
최소 대립 ·· 16
최소대립쌍 ····································· 120
축약 ·· 31
축약 현상 ·· 66
치음 ·· 22
치조 ·· 22
치조음 ·························· 22, 23, 24
치환시험 ··· 16

➡ ㅌ

탄설음 ·· 25
탄설음 [r] ··· 15
탄설음화 ··· 70
탈락 ·· 31
통합 ·· 99

➡ ㅍ

파생어 ·· 47
파열음 ·· 22
파찰음 ·· 24
평순모음 ··· 19
평음 ·· 22
평폐쇄음화 ······························ 40, 71
폐 ··· 8

폐쇄음	22
폐쇄음 첨가	38
폐쇄음탈락 현상	84
폐쇄음첨가 현상	84
폐음절	28
표준교육과정	109
표준발음법	70, 81
표준어규정	67
표준한국어 교육과정	103
피동 사동 접미사	68

➡ ㅎ

ㅎ 불규칙용언	86
ㅎ-구개음화	49
ㅎ 말음명사	52
ㅎ 탈락	56, 82, 116, 118
하강	89
하향식 모형	127
한글맞춤법	67
합성어	54
혀	9, 11, 21
혀끝	11, 21
형식 형태소	58

확대	99
환언	99
활음	20
활음화	62
후설	11
후설모음	18
후설음	22

➡ 기타

1급	107
1성	89
2급	107, 109
2성	89
3급	108, 109
3성	89
4급	108, 109
4성	89
5급	108, 109
6급	108
j 첨가	66
j반모음화	62
j첨가 현상	63
w반모음화	62